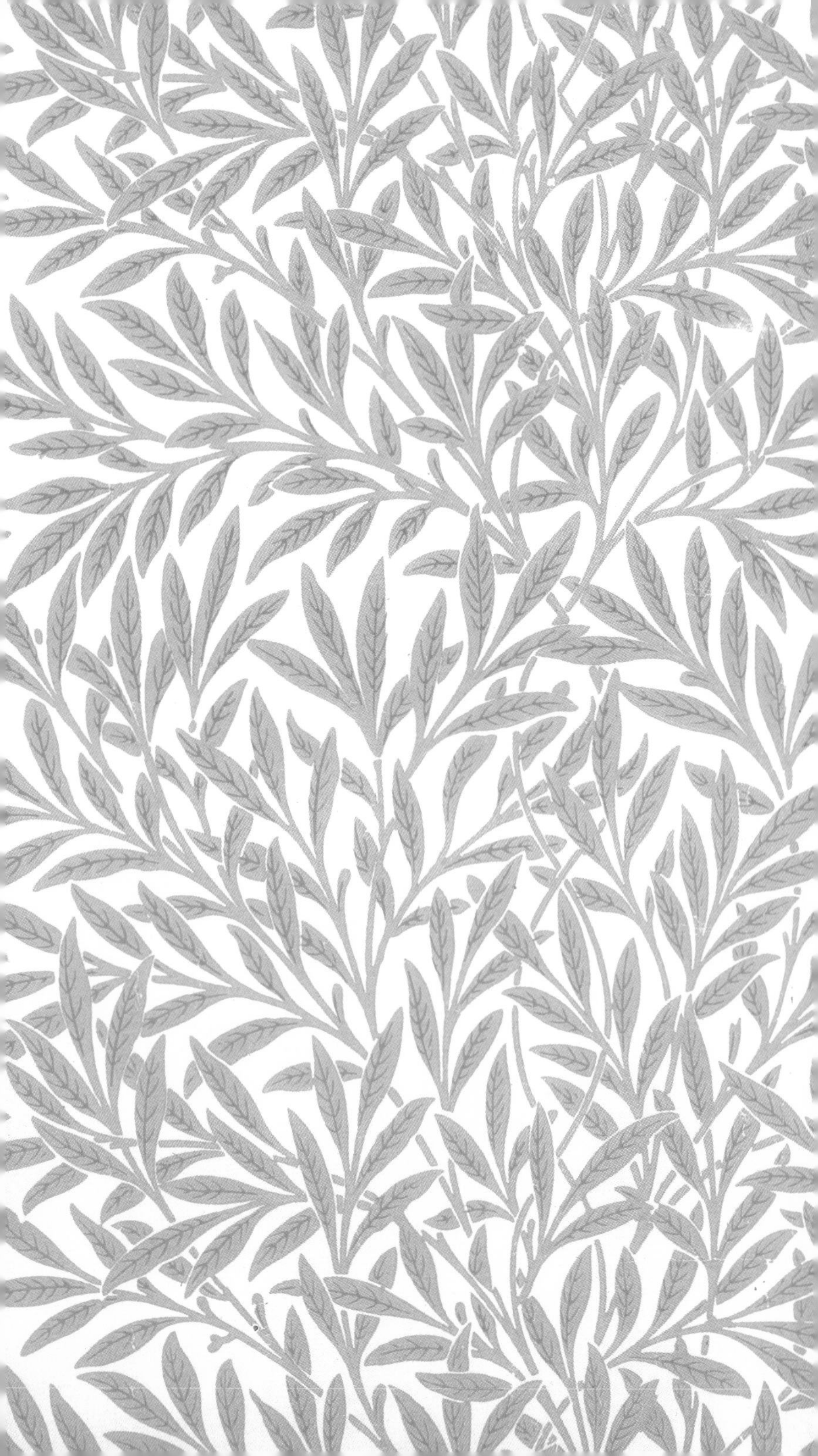

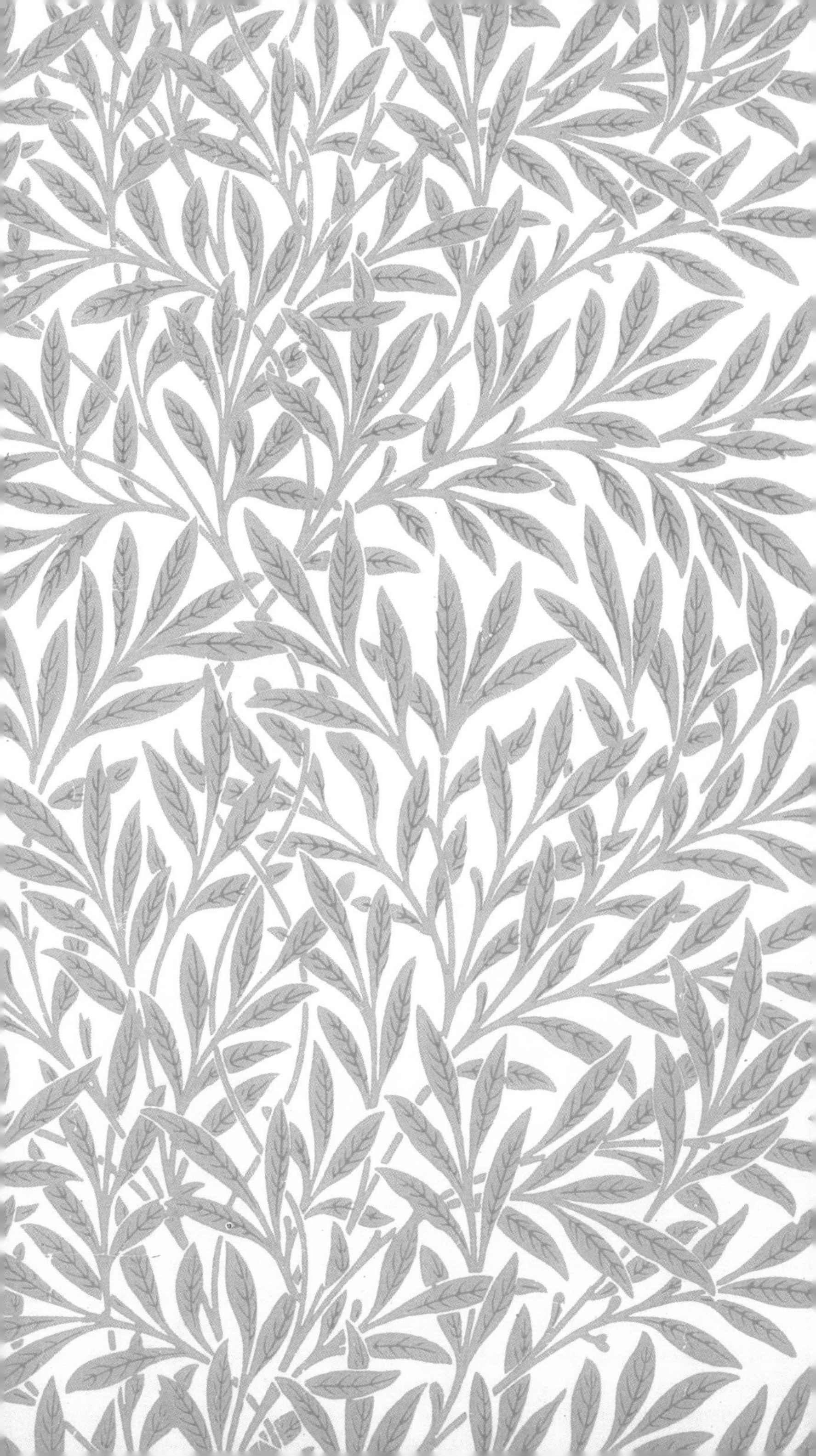

三民叢刊 310

烽火夕陽紅

易君左 著

三民書局印行

再版序

易君左先生，家學淵源，才高資絕。詩、文、書、畫無不精工，卓爾不凡，有「三湘才子」之稱，更被學者譽為「中國現代遊記寫作第一名家」。其作品文字典雅，氣韻清逸。

本書係易君左先生回憶錄系列作之第五集。前四集則分別是：第一集《大湖的兒女》，記述自童年至中學畢業的生活。第二集《火燒趙家樓》，詳記自中學畢業後至民國二十年止的親身經歷。第三集《蘆溝橋號角》，載錄自對日抗戰前數年至抗戰初期的個人及社會的動態。第四集《勝利與還都》，記錄對日抗戰勝利前後的親見親聞，可謂第一手抗戰實錄。原皆收錄於「三民文庫」，且廣受讀者的喜好。

本書承繼第四集的時空背景，內容詳述從「徐州大會戰」的一九四八年冬，到政府遷臺為止的國家命運與個人境遇的轉變，展現了「大海狂濤奔騰澎湃的聲勢和驚雷閃電濃雲密霧的形影」，可謂字字珠璣，聲聲血淚，即使今日讀之，仍教人動容。如此佳構，值得流芳百世。有感其深具文學與歷史價值，是以再版，以饗讀者。

三民書局編輯部　謹誌

前言

這一集是我的回憶錄第五集，承三民書局盛情繼續予以出版，非常感謝。

我在前一集即第四集的前言裡，曾經說過：「緊接這一集的是第五集，寫大陸淪陷前後的全部血淚。我帶著最沉重的心情寫最複雜的史實，為著極端審慎，把有關國家大事最重要的部分分別敦請在朝在野有關的老友們加以細細核正，然後定稿。而在這第五集裡將顯出大海狂濤奔騰澎湃的聲勢和驚雷閃電濃雲密霧的形影，附帶在這裡預告一聲。」

現在，這第五集出版了。這是我的回憶錄在三民書局出版的最後一集，也是我感到我的回憶錄最有分量的一集。我可以想像到：許多許多親愛的讀者們看到這一集所寫的資料都有一種說不出的內心的悲憤：我們大好的錦繡神州，都因共匪的叛亂和猖狂，使整個大陸同胞從此陷於水深火熱之內而無由自拔，迫切的等待著國軍的反攻和及早完成復國建國的神聖工作。在這一集中所寫的，正是千千萬萬忠貞自守堅苦卓絕的逃出了或離開了魔掌的人們所親自見聞的血淚的史實，當會感到異常的真實和親切，我不過是以一枝禿筆把代表大家所欲吐出的心聲表達出來罷了。

我雖然極端審慎的細述這一嚴重的階段的過程，但究竟一人的見識和經驗有限，原始的資料有限，記憶力有限，說不定還是有些遺漏甚至於錯誤的地方，雖然在發表初稿的當時曾經多次獲得讀者先生們的指正而隨即加以訂正或修改，使我表示無上的感謝，但是仍然展望於廣大讀者的深切的指教。在國家至上、領袖至上的大原則下，我和讀者先生們一樣捧出了一顆丹心與赤忱，擁護國策，擁護元首，把我們大陸淪陷前後的悲劇當做一場惡夢，而重新寫下新的歷史一頁，重整河山，再造乾坤，堅信這一願望很快的即將實現，那時我再來寫一部復國建國的輝煌的史篇，使我的回憶錄藉此而更充實、更精彩。

我還記得：《書經》上有一篇名文，叫做〈秦誓〉，那是秦穆公在戰敗之後回到本土的一篇誓師詞，由秦國史官記下來的，文字樸茂，意義深遠。從這篇名文裡，可以看出秦穆公愛軍愛民的最大的慈心和復國建國的最大的信心與雄心，以及他個人對全國軍民的無上的責任心，所以戰敗不過是一時的挫折，而秦國隨即在西方稱霸起來，以後統一中國的還是秦國。歷史告訴我們並不要氣餒，而且一定要自省，要奮發，最後的成功和最後的勝利必然屬於我們！

我的回憶錄不過是驚濤駭浪中的一點點浪花，攀不上歷史的大局面，但如果能夠保存一點點樸實的記錄，似乎也可作為治國平天下的一點點參考。

這一集是從共匪發動全面叛亂寫到國府遷臺為止。我在上海淪陷前夕逃出魔窟，旅居香港十八年，將另刊專書。我想不久將來在我們凱旋大陸以後，雄偉高亢的凱旋歌就是我真正要寫出來的回憶錄。

中華民國六十年元旦　君左自記於臺北寓廬

烽火夕陽紅

目次

再版序
前言
徐州大會戰 1
黃邱二英雄 5
十七天日記 9
家在亂時飄 13
淪為小乞兒 17
烽火夕陽紅 21
今日趙五娘 26
我倉皇辭京 30
浙贛路傳奇 34
學生跑單幫 38
誤國是和談 42
容忍到極度 46

戰局的演變 50
東南與西北 54
宋人的殷鑑 58
富國島奇蹟（上） 62
富國島奇蹟（下） 65
渡江與守江 68
綜合的觀察 71
國軍兵力強 74
匪渡江工具 77
記江陰叛變 80
我海軍忠勇 83
平津變色記 87
又大哭一場 90
生龍怕活虎 93
謀國的苦心 96
新疆局勢危 99
哭有什麼用 102
親送到門外 105
嚴重的誓詞 108
悲風苦雨中 111
羊頭和羊腳 114
反共的暗流 116
保衛金沙江 120
延平王英靈 123
只需六分鐘 126
赤魔屠殺狂 129
敲精更吸髓 132
00即零陵 135

賭徒現形記　138
匪酋的淵源　141
恨留美學生　144
和蘇俄勾結　147
鎩羽回來了　150
單選愚人節　153
忠貞與叛逆　156
一批小嘍囉　159
讀書人奇恥　162
上海保衛戰　165
暈倒電梯間　168
新希望週刊　171
穿皮袍的狗　174
黯然離上海　177
老朋友雲集　180
含淚話悲辛　183
秧歌舞醜態　187
看戰局發展　190
臺灣重要性　193
美麗的寶島　196
淡水風情畫　199
第一傷心事　202
省委做攤販　206
新的新希望　209
曇花盛開時　212
可能成人球　215
滾下紅河谷　219
新二七八團　223

初次坐洋牢 226
華僑愛國熱 229

回祖國懷抱 233

徐州大會戰

我第二次由蘭州回京正值徐州大會戰最猛烈的階段，已如前述。這一戰關係太大，黃伯韜、邱清泉兩將軍，為國犧牲，壯烈成仁。國史上自有正式記載，我在這裡不過略述當時戰役的梗概及兩將軍成仁的經過，以表崇高的敬意。

我國八年間對日本帝國主義者的抗戰（中華民國二十六年至三十四年），犧牲了無數無辜的人民和英勇的將士，如戰死南苑的佟麟閣和趙登禹，寶山殉城的姚子清，衝毀敵艦的沈崇誨，斃敵自殺的閻海文，勇殲敵機的高志航和李桂丹，忻口捐軀的郝夢麟，滕縣成仁的王銘章，死守四行的謝晉元，揚威緬甸的戴安瀾和張自忠，被害仰光的齊學啓，陝縣殉國的李家鈺，洛陽殉城的何集生等等。不料抗戰勝利後，共匪又乘機竄起，對復員建國發生了絕大的阻力，而人民和將士的死喪，其害實較日寇尤烈，就中犧牲最慘烈的是黃伯韜、邱清泉兩將軍。

黃、邱兩將軍之殉國乃在民國三十七年冬天的徐州大會戰。我就在這時從西北的蘭州飛返南京，遇著大雪，當晚寫了四首律詩面呈于右任院長，右老最賞識的是這一首：「魚躍鳶飛漢闕高，金陵王氣自雄豪。似聞天塹河為界，盍出奇兵雪未消。白傳歌行秋瑟瑟，杜陵詩史馬蕭蕭。淮南烽火紅鴉背，不許斜陽照六朝！」右老擊節悲唱，許為史詩。

徐州大會戰以前的軍事形勢是這樣的：民國三十七年的夏季，國軍和共匪開始在黃泛區會戰，匪軍曾遭受一次很嚴重的打擊。那時，匪軍的主力是陳毅部下的第一、第四、第六、「兩廣」、「快速」等五個縱隊，和從開封退下來的第三、第八、第十三，三個縱隊的一部，以及土共金紹山、魏鳳樓等部，合共有十五萬人。匪軍外圍方面，左翼津浦路沿線有許世友率領的新第七、第八等縱隊，圍攻兗州；右翼平漢路兩側有陳賡的第四、第九兩縱隊，劉伯誠的第一、第二、第三、第六等縱隊，還有徐向前由晉南抽調來的一部；全部合計是三十萬眾。匪軍的目的是企圖打擊國軍主力，進而窺伺徐州，威脅京畿。國軍以李玉堂部精銳守兗州，牽制魯西匪軍，另一路由平漢路東北進迫，壓制匪軍增援，而以強大主力放在睢縣、杞縣中間地區，對匪軍陳毅部十五萬人進行大殲滅戰。戰役由六月二十八日起到七月七日止，匪軍各部紛紛崩潰，損失兵數在十萬以上，而國軍的強大主力之一即為黃伯韜所統率的第七兵團。但匪軍在經過四個月休息補充之後，捲土重犯，再集合加倍於以前數字的兵卒直襲徐州，並以首先攻擊黃伯韜兵團為目標。

那時，黃伯韜奉命守衛徐東的碾莊，全部兵力約七萬餘人，匪軍的劉伯誠、陳毅卻集合過倍的兵力，全力向黃兵團展開攻擊。劇戰從十一月八日展開，一直進行到十七日，黃伯韜始終是以寡敵眾，冒著包圍的危險，和不斷湧到的匪軍作最慘烈的血戰。僅僅在十天內，就擊斃了匪軍將近十萬人。這個數字已超過第七兵團原有的兵額。向來以「人海戰術」自誇的匪軍，也不得不惶駭失措了。

匪軍受了最大的創傷，就拼命大量增援，又經過多日的血戰，黃兵團的糧彈漸漸告罄，一時接濟未到，而匪軍的後援部隊，卻源源開到，看著情況轉為惡劣，國軍的統帥部即命邱清泉兵團馳援，但匪軍早已料到這一著，對邱兵團的援兵，節節阻擊，使無法達到解救黃兵團的任務。那時，匪軍的兵力已經數倍於國軍，黃伯韜率領餘部，堅守核心，十決十盪，再接再厲，匪軍雖竭力屢次猛攻，仍然遭受嚴重損失，未能獲逞。可是這時黃兵團的將士已傷亡十之七八了，作為掩護主力的軍長陳章所部也傷亡大半，事態的發展越趨惡劣，後來連司令部所在地也直接遭受敵方砲火的威脅，才奉命突圍後撤。在突圍時，黃伯韜隨身的衛士也犧牲無餘了，僅有業已負傷的楊副軍長一人隨護。黃伯韜到了這個關頭，決定以死報國，先向楊副軍長作雍容鎮定的囑咐，並加以勉勵，然後取出一張紙條，速寫以下一行字：「民國三十七年十一月二十二日第七兵團司令官黃伯韜盡忠報國。」寫完了，把紙條交給楊氏，然後拔出手槍，對準頭部砰的一聲，便這樣的壯烈殉國了。

這一役，除黃伯韜將軍盡忠報國外，尚有軍長陳章、師長劉聲鶴等慷慨赴義，殺身成仁，全部官兵脫險生還的很少，但所索取於共匪的代價，接近我方損失一倍以上的數目。第七兵團轄下，有很多廣東籍的士兵，戰訊南傳，粵中父老人士多以出征將士能勇戰至死為殊榮。因為黃兵團部下的六十三軍軍長陳章就是廣東人。六十三軍是守衛碾莊的中堅部隊，廣東健兒的忠勇在這一戰役上充分表現出來了；僅僅由於敵軍截阻了邱兵團的馳援，最後雖只相距數里仍無法會師，匪軍在付出最大的代價後，已攻佔碾莊一角陣地，形勢萬分險惡，陳章即奮不顧身，率部猛攻衝殺，他和他帶領平時相親如骨肉的同鄉健兒，都慷慨悲歌的激戰到最後一分鐘。

黃邱二英雄

黃伯韜部下的師長劉聲鶴，在徐州大會戰前夕，奉命由新安鎮向郯城、邳縣堵擊匪軍，在運河站東北地區及運河橋東一帶陣地，展開鏖戰。從十一月六日起，血戰三晝夜，雙方損失都很嚴重。匪軍援兵蜂擁而來，逼近運河橋頭，仍然無法攻破國軍陣地。這時，運河鐵橋不知如何忽然被破壞了，於是據守河東橋頭的劉聲鶴部後路中斷，彈盡援絕，戰到最後，只得爭相投水，冒著敵人的火網，搶渡運河，和運河站東北地區的主力會合，重整隊伍，進守八義集。這時，匪軍第一、第六、第十三等三縱隊，復將八義集緊緊包圍，猛烈攻擊，劉聲鶴率部苦戰，支持到十一月十一日，官兵傷亡十之八九，這是徐州大會戰展開後的第五天，劉聲鶴一師的殘部已陷入絕境，於是他發出最後一通電報，說：「我為黨國犧牲，倍極光榮！盼轉告老母弱妻勿為我念。」就派兵士搜集麥草木板等引火物，積成一堆，隨即將日常用具如鋼筆手錶等件，一一擊碎，一切軍用文件地圖，全部焚燬，全部通訊器材，概予破壞，高呼「中華民國萬歲！」三聲後，從容仰臥在麥草木板堆上，引火自焚，舉槍自擊，壯烈成仁！

邱清泉在抗日戰役上曾經留下了彪炳的勛績。民國二十六年七月七日抗戰軍興，他就參與了上海保衛戰。第二年任陸軍第二百師副師長，率領機械化兵一營，首戰日軍於蘭封。二十八年，升任第五軍第二十二師師長，以一團兵力，協同友軍克復崑崙關，把日軍最精銳的第五師團，第十二旅團，完全殲滅，擊斃日軍旅團長中村正雄，為抗戰史中創第一功。不久就升任第五軍軍長。到三十三年冬天，他又率領所屬第二百師參與滇西及緬北的反攻，連克龍陵、芒市、遮放等地，馳譽國際。抗日勝利後，就升任為兵團司令了。

三十七年夏季的黃泛區大捷，邱清泉部是國軍的一支主力。這年十一月，參與徐州大會戰。最初的表現是在潘塘鎮一役，首先折垮了匪軍兩萬，可是就在這個時候，黃伯韜的兵團被圍於八義集，邱清泉奉命馳援，中途遭遇匪軍陳毅的主力，節節阻撓他的行軍，但仍然艱苦的挺進，每天僅行十餘里，格於形勢，未能達到預期的目的。邱清泉親自在前線指揮，憂心如焚，廢寢忘餐，等到他的軍隊攻下了大許家，距離看著很近了，忽然聽到黃軍團全軍覆歿的噩耗，黃伯韜且以身殉國了，他頓足長歎，悲憤不已。那時，戰事的發展業已逆轉，位於徐州蚌埠中間的宿縣突被匪軍攻陷，蚌埠又告急了，徐州也失去了戰略上的價值；邱清泉奉命撤離徐州，向西南轉進，在杜聿明的指揮下，與李彌兵團，孫元良兵團，夾擊宿縣，大軍到了夾溝，又被優勢的敵軍所阻，不能再進，又折向西方到永城東，突遇匪軍劉伯誠兩倍的兵力邀擊，並且乘著雪夜，驅策民兵三十餘萬，挖溝數十道，封閉國軍機械化部隊於圓形陣地之內。到這時，國軍糧食斷絕了，逼得只有固守待援之一法，就在陣地核心闢了一個小機場，以謀向外交通和聯絡，並為空投接濟之用。

中原的氣候已經嚴寒，大雪翻飛，朔風刺骨，被圍經月，士氣仍然旺盛。邱清泉日夜策勵將士，嚴密佈防，匪軍始終不能越雷池半步。不料空中接濟運輸，漸漸被惡劣氣候所阻，糧食和子彈都差不多完了，燃料更無著落，竟陷於一種絕境，於是全軍決定在二月十日突圍，又不料匪軍先發制人，從二月八日午夜起，傾全力來犯，九日晚，李兵團防線一部首被突破，陣地動搖，部眾奔竄，不可制止，以致設置地面的通訊網全被破壞，指揮遂告不靈，情報異常混亂。邱清泉眼見大勢已去，就下令將戰車卡車千餘輛掃數破壞。到十日清晨，邱兵團的通訊聯絡也中斷了，再無法指揮全軍，他就馳赴前線，親自指揮砲兵發砲，不久砲彈也完了。他仍然帶著隨從副官和衛士，巡視戰場一周，想單獨突圍出去，就在他立腳地的附近，連落敵人的砲彈數枚，左右請他到地下室暫避，他不去，強拉下去，前方的潰兵蜂擁而來，槍砲巨響越密越近，他看著這形勢已是無法挽回，就問隨從副官：「帶來了手槍沒有？」副官心裡一陣酸楚，遲遲沒有回答，一會兒才說：「倉卒間忘記帶來。」本來態度非常鎮靜閒穆的邱清泉，這時忽作獅子般的怒吼，厲聲的說：「到這個時候還忘記帶槍，你作什麼事？」副官沒有辦法，才勉強解下所佩的手槍奉上他的司令官，邱清泉將軍接槍在手，看了部屬一周，從容的叮囑著：「我死了以後，趕快把我的屍體埋在戰壕裡，不要使敵人污辱我！」說完，仰首望東南方，向首都南京所在，作一聲長歎，然後以槍直指胸膛，轟然一聲，倒在血泊裡了。因為他的身體素來強健，一彈沒有打死，在氣息彌留的俄頃，他的目光總是盯著站在他身旁的副官，副官知道他的授意，戰戰兢兢的補上一槍，流著淚，看著他的司令官的眼睛漸漸瞑合了，於是遵照遺囑，秘密的埋在戰壕裡。後來匪軍到了，搜得了邱清泉將軍的遺屍，不敢侮辱他，反為他立石安葬於永城東門外的丘陵。

十七天日記

我一生不斷的寫日記，一直到今天。關於徐州大會戰當時我南下及以後的情形，在我的一本日記裡有一些樸實而沉痛的記述，裡面蘊含著一點無可自遣的熱淚。現在我打算發表一點點，雖是斷簡殘篇，也可多少看出世局激變的幽影和我個人的生活心情。

民國三十七年（一九四八）十二月十三日

晴。清晨，偕慧乘吉普車至機場，九時半起飛。與慧談：望其早南來，余決不北返矣。下午一時四十五分飛抵西安，略事休息後再飛。二時餘抵武昌機場，因京滬氣候不佳，留宿武昌。汽車輸送至旅店甚遠，同行知為余，均甚敬助。與唐君登黃鶴樓遠眺，並巡市一周，尚無戰亂景象。早晚甚冷，幾不自支。

按：這是我從西北的蘭州回江南時的日記第一段。我在蘭州辦《和平日報》整整兩年，這次南飛，是決定不再北返了，就像憂鬱的雁兒一樣的南翔。因為我已觸到國內戰火很快就會禍延西北的。

我一家孤懸江南，老母七十餘高齡，更使我擔心，萬一我隔在北，全家休矣！我只帶著慧到蘭州，因為報館的事還要照料一下，所以叫她遲回一步。

武漢在那時似乎尚鎮靜，雖然謠言滿天飛。我趁斜暉登黃鶴樓遠眺，看到的是什麼呢？不是「晴川歷歷漢陽樹，芳草萋萋鸚鵡洲」，而是不安不定的人心迷離恍惚。

十二月十四日

晴，夜半即起，赴機場，沿江燈火歷歷。八時半起飛，十時半抵京，寓白下路泰來旅館。下午，謁于先生（右任），正值其將謁最高當局，故只略談而已。到監察院，晤姚鵷雛諸友。到沈舉人巷，值張文白（治中）外出。友約小吃洗塵。飯後到京社，未遇一人。遂訪劉孟純於安樂酒店，談西北事及大局甚久。歸已十一時。電滬問家人已行否？南京早晚亦冷。

按：于先生是最關懷我的一位革命前輩，所以我一回京，便首先去拜候。張治中當時是西北行營（一稱西北長官公署）主任兼和平日報總社的副理事長（理事長是何應欽將軍），又是和平日報蘭州社的創辦人，我到蘭州辦報是他三番四次催我去的，在職務上應該是次於于先生的訪問對象。

我一回南京，真是感慨萬端。那天大雪紛飛，成詩四律，深夜再去訪于先生，前文已經說過了，于先生激賞我那幾首詩，讀到「風狂雪舞悲號裡，戰火燒枯八大城」，淚痕泫然，我見右老難過我更難過。

徐蚌大會戰的戰火燒得滿天紅。論當日國軍的兵力應該是火星飛不到江南的，然而就由於這一戰之垮，國土就完全改變了顏色。黯淡的斜陽，空照著六朝殘柳，江山啜泣，世事全非。

十二月十五日

晴寒。晨九時，訪張文白，力辭蘭州社長，已允。彼對國事殊表傷感，促余赴滬料理家事。余乃赴監院，為家人謀得疏散證三張後，在新街一家小店吃雞絲麵，未打友人游擊，以大家皆窮忙，且心神不安也。下午訪黃少谷，未遇。又訪蕭化之、黃卓球，託京社購明日赴滬車票，一日奔忙。接羅敦偉電：余全家定十七日由滬返湘，故余必於十六日趕抵滬。

按：我之所以亟亟從西北回南，最要緊的一事是全家的出處問題：仍然留在鎮江嗎？或是回湖南？尤其是老母的安全與奉養，究竟怎樣才比較合式？我在蘭州和慧為此問題想來想去，因為時局變化得很快，個人和家庭的命運自然是隨國運為轉移的，而時局變化得會到怎樣，誰也沒有把握，誰也難於判斷，那麼，只好碰運氣。我於是電託老友羅敦偉社長就近照料我全家，敦偉的意見是贊同我家回湘，老母是渴望回老家的，舊式老人家總是怕骨頭丟在外邊，因此學藝和幾個孩子也只得遵從老人家的意見，作回湘種種準備。我回京就要解決這個問題。加以到京見著張文白，他是比較我知道時事最多的。他力勸我把家趕快移開江南，使我更加憂鬱。

我到京時，全家已去上海了。我沒有功夫回鎮江看看，相信老母及妻子已將鎮江的房子仍然交給老魯福看管，不放心也得放心。接到敦偉的電告，自然趕快赴滬。

我還想起：全家之所以能夠成行，在旅費及安家費方面，我很感激的分別得到了西北行營與和平日報總社的補助，共一萬二千元，記得當時正值金圓券開始發行，幣值很高，可以換到十二根金條，一家數口老老少少輾轉流離了這多年，能得到一些錢回湖南，老母得有奉養，我的心也才安定。

十二月十六日

晴。天明，乘京社車直駛下關，乘特快車赴滬。車站內漸覺人擠，糾紛迭見，不似平時氣象矣。悶坐整日，愁腸九迴，入暮始達。過眼雲煙，皆帶火藥氣味。下車時遺手套一雙。抵虹口翔兒寓，欣睹老母康健，一家清吉，感慰至於泣下，母亦拭淚。知明日決定成行，因已輾轉託人購得浙贛路車票數張。余自蘭州帶回哈密瓜數枚，分一贈敦偉，與談甚暢。今夜月明而圓，而一家離散，又不禁悲從中來，不能自抑。滬地較暖，侍老母臥一小室，閒談以後，見母已酣眠，喜而就寢。

按：我寫到這裡，哀淚奪眶而出了。我萬想不到老母回鄉以後，不久就一病纏綿，竟至不起，拋下她的遠道的孤兒而長逝，嗚呼痛哉！虹口一晤，竟成永訣！

家在亂時飄

全家回鄉，原意是湖南家鄉或較安全，至少糜爛也遲一步，不像京滬線一帶的當衝，而且慈母思歸心切，我在西北，數次接到學藝的信，都討論這個問題。我那裡知道時局變得那樣出人意外，湖南變色後，人哭鬼號，弄得全家如陷深淵，可憐的慈親，每天僅吃到一點薄粥，受驚受苦。她老人家身體本來矍鑠，精神相當健旺，但何堪魔窟中的重重折磨，卒至憂憤，染病而撒手塵寰，假使不回家鄉，何至於此？我真是呼天搶地，百死莫贖不孝之罪了！

十二月十七日

晴。上午訪尹祖光，借二千元寄蘭州作秋慧回南及回南以後之用。午飯後，送老母及妻子登車。左幹忱、魏新綠親來送行。亂世有此等親友，義彌足珍，情實可感！車至三時始入站，乘客蜂擁蟻屯，狼奔豕突，凌亂不堪。余等扶舉老母從車窗入，群兒則先竄入踞佔座位。母扶窗視其兒，淚泫然下，幾無一語。車開，母猶拭淚。余心如刀割，勉事鎮靜，祝母及一家人平安返鄉，並堅約不久迎奉。晚，新綠邀余小吃，幹忱夫婦同座。

按：我還記得在火車開動前幾分鐘和母親的談話。我含著一包眼淚說：「恩娘！你老人家心裡放熱呵一點呀。」（註：「恩娘」是漢壽縣土語，母親的稱呼。「熱呵」也是漢壽土語，即把心放寬一點而寓有親切的意味。）我繼續說：「但願國事迅速好轉，我一定仍然迎接你老人家和一家人再出來團聚。你老人家願意住那裡，我一家就住在那裡。」可憐的老母半晌不出聲，眼眶又一紅，慢慢的道：「我回去就不想再出來了。哎，你好好的保重吧！你傳我的話，叫秋慧好好的服侍你。」我的眼淚已滴到衣襟，忍住淚說：「恩娘！請你老人家千萬不要說這些傷心話。時局一定會好轉的，你老人家如果真的不出來，我也一定就回家鄉，服侍一輩子。」老母伸出一隻瘦弱而仍軟綿綿的手握著我的掌心，悽清的道：「車快開了，你回去吧！我一路有媳婦和孫兒女招呼，你放心吧！」說完，便側身回頭坐下了。我墊起腳跟攀著車窗向內探視，見母親垂首默默，隱約聽到泣聲，我恨不得一躍進入車中，隨母南下。然後我再三叮囑妻子，回鄉後務必善為服侍老人。汽笛一聲，火車蠕蠕開動，就在這樣生離死別的悲苦的情緒下，黯然離了車站。我當時就想到：誰使我一家流離顛沛，窮愁悽哀？誰使我老母這樣傷心，離開她的愛兒遠去？這一切罪行的自然應該歸於「赤禍」。不是共匪搗亂，我一家乃至於全國人民何至於陷於這樣劫運？千千萬萬的黃帝子孫，總有復仇雪恥的一天！

送行中惟一的兩人：左幹忱是我的親戚。他是新文化運動早期的名小說家，當他出版小說專集時，今天的名小說家大概還在小學唸國文第二冊。然而我敬佩他的還不是他的文藝天才，而是他的義氣，正義感和同情心。魏新綠呢？她是一位名票友，唱譚派正宗鬚生，她的前夫葉古紅是我的老友，古紅死後改嫁吳澤舟。她在上海廣播電臺播講平劇，擁有最多的聽眾，著有《國劇津梁》一書，風行海上，我寫了一篇「外行」的序文。在鎮江時她和另一女名票陶默菴常來我家，一住就是幾天，大家唱戲玩玩，陶默菴是一位傳奇性的美女，旗人，身世等於一部小說，因此我替她寫了一本《白門秋柳記》。我全家在亂離中逃難，我的親友很多，在上海的也不少，然而殷殷勤勤親自送到車站的，男的只有幹忱，女的只有新綠，我看見他和她就如同看見了「義氣」。末世是不講究這一套的，然而我最重這一點，最尊敬這一點。只要有這一點，就配稱「人物」。那些混世魔王型的人物，那些「白首相知猶按劍，朱門未達笑彈冠」的翻覆無常惟利是圖的小人，憂患、貧窮、疾病、生死，便是最好的試金石。我在送母行後曾經發了這一段的牢騷，我眼中的「人物」是有真性情真肝膽於公於私沒有一點劣跡的。

十二月十八日

晴，燥熱。時局愈緊，蚌埠亦撤退矣。到滬社，被多人拉夫，請寫對聯多幅。可以說：在每幅字上都帶有送母行的淚痕。傍晚，同朱達公訪楊嫂於小沙渡路，未遇，僅與幼海通電話，見房中獨懸余詩幅。又書案之玻璃板下嵌有二十年前余與佛海至長沙時所題其伉儷之影片，忽觸舊感。晚，小飲達公家。回寓，電蘭州，促慧速返，並函請郭、劉二將軍照應。

按：徐蚌會戰，令人想起東晉的故事。當日晉室偏安江左，國中兵力財力都不及北方的苻秦，論者謂謝玄以數萬之眾，淝水一戰而瓦解苻秦百萬大軍，可見將才最關重要。其次是政治人才的重要。考當日東晉還能偏安一些時，偏安也不是容易的事。而其所以尚能偏安，實需要有卓越的政治人才，當時王、謝兩族等稱為「高門第」，實際等於「豪門」，但王、謝的豪門是從抗敵禦侮打開江山得來的。而這些富豪貴族，又多有建設國家的朝氣，而且臨亂不驚，見危不懼，安之若素，如謝安、王導輩確有可稱的地方。新亭之會，沒志氣的流亡智識份子發出「風景不殊，舉目有河山之異」的悲鳴，而王導作獅子吼，罵了他們一頓，把他們激勵起來，以復興國家自任。以後遂有劉琨、祖逖這班英雄志士，經略中原，渡江反攻，深入河北，終晉之世，北伐未輟。當淝水大捷之時，謝安在他的東山別墅裡靜靜的下棋子，大捷報到了，棋子並未曾停，還老氣橫秋的說：「這是子侄們的事，用不著管它！」何等鎮定。雖然這種鎮定掩不住內心的牽掛，卒至下棋完了，「屐齒為之折」，跨過門坎把鞋子都丟了，這都是情理之常，可見當時晉室政治人物的風度。若以徐蚌會戰相比，則我們在軍事人才和政治人才上趕不上的地方很多，而我們國軍的數字和力量並不弱於共匪，而且我們是統一的局面，不像東晉的偏安，何以一戰而版圖變色？痛定思痛，實在值得深深的檢討。

淪為小乞兒

上面一段中的郭、劉，郭是郭寄嶠將軍，當時任甘肅省主席；劉是劉任將軍，當時任西北長官公署參謀長：兩人現在都居臺北。我寫信託為關照我的家眷，及早買飛機票，以便迅速南返，我很感謝他們的幫忙。楊嫂何人？則係周佛海的太太楊淑慧，那時他住在上海小沙渡路一幢高尚的公寓裡，他的兒子幼海與媳婦施丹蘋同住。施丹蘋是上海有名的交際花，嫁周幼海後，倒也成為一名能幹的主婦。後來又到過小沙渡路，見到了楊淑慧，我還記得雷嘯岑先生恰巧也在周家，並且拉胡琴玩玩。民國十六年，周佛海從漢口到上海，被楊虎陳群抓著當做共產黨就要槍斃了，若不是楊淑慧磕頭作揖，千方百計營救，周佛海寫了一篇《逃出了赤都武漢》就能出獄嗎？這已是死了一次重生。做了天字第二號大漢奸後，已判死刑，又經夫人多方奔走，啼哭哀求，幸而國恩寬宏，才獲得特赦而免一死，這又是第二次絕處逢生。大陸淪陷前夕我到香港後，聽說楊淑慧一家還在上海，過一年又聽說楊淑慧也被清算了，從此以後，消息茫然。羔羊沒有逃出虎口，還有何話可講？

十二月十九日

陰，仍留滬。今日大霧而小雨，與萬梅子楊紀二人接洽繼任蘭社事，皆無結果，只得回京再說。晚與祖光看電影，回寓已十一時，市面已戒嚴，雨絲燈光中，憧憧疑鬼影。

按：萬梅子和楊紀是當時上海文化人中之佼佼者，張文白在蘭州時就想羅致此兩人，我既然決心不幹蘭州社社長，張文白要我徵取這兩人中任何一人的同意，但沒有結果。「前進」一點的人，樂於十里洋場酒綠燈紅的生活，都怕到西北吃苦，認為到西北等於「充軍」。我能到西北吃苦，所以被人笑為不前進。既然接洽無結果，只有回京作一交代，任憑選精選肥，張三李四，我也不管了。

至於同我看電影的那位朋友，後來就慘極了！這位朋友真是天下第一等好人，誠實謙和，安分守己，純粹是一個商人。我家在抗戰末期，一直住在他的巴縣冉家灣家裡，前面已詳述過，我與他情同手足。他家裡只有幾十畝田，一棟房子。在上海時，他任永生錢莊經理，是一家小型錢莊，謹慎職守，從不談政治。若不是他慨然借二千元，秋慧回南京路費都有問題。我離開上海時，問他同我飛臺灣否？他要回重慶的老家。回去後就遭受無邊的厄運，清算、鬥爭，層出不窮。一家大小十餘口，男女老幼，都被拘禁，後雖放出，多因病而死。有幾個可愛的孩子，流落到鄉村成小乞兒，裸身跣足，在磁器口一帶恃取枯柴易食。我深深的哀念這位好友，更懷念其一家的安危。像這個朋友，既非惡霸，亦非地主，更無絲毫政治色彩，為什麼也遭殘害？原來共匪所作所為全是喪心病狂的。

十二月二十日

霧兼雨。晨赴北車站，與新綠澤舟赴京。車中贈一詩云：「烽煙淮水逼都門，微雨輕車著屐痕，道義真同親弟妹，人間惟有友情尊。」下午三時半抵京，即僱一野雞汽車至泰來旅館。晚餐後，先訪少谷，遇薛子良亦在黃宅。談話之間，都對時局感歎。

按：黃少谷先生那時正任中央宣傳部長，又總管《和平日報》業務，無論在公誼私交上，到南京自然要拜訪他。他是一位精明能幹公忠體國的政治人才，但諸葛一生惟謹慎，有些事使他不能放手做去。他在京真夠忙，但卻好整以暇，有時找一個拉胡琴的朋友，唱一兩段京戲消遣解悶，嗓音高，韻味深醇，學譚，也有啞喉嚨學周信芳。我看他時，恰巧薛子良即薛篤弼正和他閒談，對時局的看法認為已屆最重要的關頭，怎樣輔弼中央打開這危險的僵局，我看兩人的雙眉都鎖得緊緊的。

十二月二十一日

陰雨，漫天大霧，象徵時局之最低氣壓。瞻念國事，憂心如焚。家眷未來，居住無定，飲食失常，重度其飄零生活。擬借一被褥後，遷少谷家暫住，其樓上尚有空室。

按：我住在南京白下路的泰來旅館，雖逆旅尚感舒適，因環境較靜，房價較廉。再則，我和這旅館有一段歷史上的淵源。民國十五年（一九二六）我參加第一次北伐，民國十七年參加第二次北伐，來往首都，都住在這裡。國運應該否極泰來，個人也應該隨國運轉變。但自北伐以後，直到今天，國家連個人都是「否極」，從無「泰來」的徵兆，使我何能無感？

另外一件有趣的小故事：第一次北伐打開南京時，我有一個朋友住在這旅館裡鬧出一件桃色案，簡直像一篇好小說，我已在前面說過了。這事件的來源是泰來旅館一間房壁上的一個小洞，藉此傳情，我戲呼為「情天第一洞」。這次我重來泰來，首先看看那個小洞是否尚存？據老茶房說：早已把它塞住了，這就未免有點煞風景。

我想搬到少谷先生家裡是為著省幾個錢。少谷也希望我搬去，藉此談談，那時他的夫人已去上海，不過有時回京。在沈舉人巷，一頭住著張治中，一頭住著黃少谷，那時這兩個地方都必得跑，不如就搬入黃家。但在一個大部長公館裡既然找不出第二條被單，只好想法子到旁的朋友處去借，然後「喬遷」。借了被褥後才搬進去，住在樓上一大間空空洞洞的屋子，少谷先生住在樓下，只一男工照料。只在早上同他吃點薄粥和饅頭，白天都不在家，深夜回來再同他吃點花生米，聊聊天，然後各自安寢。

烽火夕陽紅

十二月二十二日

整日愁雲慘霧，冷雨悽風而嚴寒。蓋一條被單實在覺得有點冷。時局數日來，表面上似稍寧靜，然已臨大風暴前夕矣。上午因大雨未出門，寫小稿寄滬社。午，黃本初約吃曲園。晚，陸世益約吃北方館。

按：當時徐蚌烽火已燒得滿天通紅，而首都的南京情景則好似一片烏風黑浪。最莫明其妙的是一般人心的空虛縹緲，捉摸不定，大家都好像被包在濃雲密霧裡，對前線戰事的勝負怎樣？國是（和與戰）到底如何？不但老百姓、士大夫莫明真相，恐怕達官貴人一樣也糊泥糊塗。徵諸歷史，在國運轉變時往往有此令人長歎之現象，民心士氣之消沉，最令人擔憂。

黃本初名強，以前任江蘇省黨部委員，我一家同他很熟識，戰時很少遇著，戰後在京重逢，因我是湖南人，特請我吃湘菜。他曾慷慨上書言事，但無反應。黃本初在陳果夫先生主持江蘇省政時，對於果夫先生大力提倡的表揚江蘇鄉賢運動，盡了最大的努力，和我們主持江蘇文藝協會也非常起勁。陸世益是一位口吃的學者和名工程師，他對於黃本初叫菜之多，「期期以為不可！」期期是古人口吃最妙的傳神。因此，他在北方館兒只點了幾樣合口的北方菜，如糟溜魚片之類。

十二月二十三日

苦雨悽風，又經一日。一方念全家抵杭後不知路上順利成行否？一方念慧猶滯蘭州，不知何日起程？南來十日，未得蘭州隻字，甚為焦急。寫此日記，正一人無聊已極。燃微火，傍孤燈。午，由我約本初新綠世益吃毛牛肚，約施今墨未來。飯後回黃宅，適少谷歸，因同赴中宣部，訪天鷗。

按：陳天鷗是我老友之一，同事江南教育廳六年，前文已有較詳的介紹。中央宣傳部在抗戰期間換了好多位部長，陳天鷗始終任秘書。周佛海投汪，輾轉密請天鷗去當部長，天鷗決不去，情願在戰時陪都，過極度艱苦的生活。戰後黃少谷長中宣部，陳天鷗還是秘書。天鷗就在這種憔悴和抑鬱之心情下而死於臺北，我曾製聯哭之。

十二月二十四日

風雨悽清，下雪霰，冷極。上午到沈舉人巷遞報告二件，催速派社長。下午到京社，電蘭社。

劉任將軍約餐於金鈺興，一著名之回教菜館也。

按：這是流浪的日子的一幅寫照。吃飯是打游擊，找人常碰釘子，想解決的問題總是拖。而一家南轅北轍，個人東奔西走，想起我去蘭州時，正值「江南二月，雜花生樹，群鶯亂飛」的春日良辰美景，現在我回南了，風雪漫天，烽火漫天。「昔我往矣，楊柳依依；今我來斯，雨雪紛飛。」古時的詩人已為我預先寫下了日記。抗戰勝利後我出川時，過有名的新灘，有「灘逢枯水淺，家在亂時飄」之句。家在亂時飄，人在亂時飄，國在亂時飄，飄到什麼時候，才有個歸宿？

上述劉任將軍是當時西北長官公署參謀長，為人慷慨重義，事母篤孝，乃國軍宿將。他對我非常關切。西北複雜的局面，最不易相處，我離蘭南返，臨行得到他的維護，至今尚不能忘。他在南京閒居發悶，邀我小吃，清真館子別有風味，至少菜肴是新鮮、乾淨。

十二月二十五日

陰雨，奇冷，蘭州無此奇寒也。午至中宣部訪天鷗，同去小吃，老友憔悴，同病相憐，天鷗留余住在其寓所。今日耶穌聖誕，見有些大官公館，鐵門緊閉，蓋度其外國年也。是晚，又與本初新綠諸友飯於紅梅廳，飯後同訪少谷小坐。以魏新綠在座，多談戲劇。

按：當時天鷗還記得我在「一二八」國難奔避揚州回鎮江時寫贈他的那一闋〈金縷曲〉詞，在紅梅廳上，酒酣耳熱，高吟起來，鄰座為之動容。那首詞是：「我又頹然矣！問天鷗今宵飲酒，情懷何似？猶記揚州三月暮，扶醉猖狂過市。忽闖入會文堂裡，斗大明燈懸案上，問新書換閱何時止？長嘯去，車如水。而今分散多岑寂，冷琴聲輕彈一曲，花香簾細，自古詞人皆瑣屑，但愛蘇辛而已。莽中原知音有幾？安得高樓三百座，招悲歌慷慨三千士。談共笑，吾與子。」我也驀地湧起一個回憶，想起在揚州春雨獨酌簡懷天鷗的那闋〈虞美人〉詞：「翠竹依牆花掩樹，亞字闌干路；東風忽逐彩旗飄，料是一番微雨又今朝。人生萬事皆無有，且自傾杯酒；與君相酌盡餘歡，更憑燕兒雙剪剪春寒。」

十二月二十六日

都門初次大雪。晨，冒雪發電，催慧速歸。午，蕭化之約飲於復成村，晤雷嘯岑李士英諸友，雜談時事。下午訪親友數人，料理瑣務。今日欲成一歌，而心情惡劣已極，竟不成篇。

按：黃少谷先生已決定不再幹《和平日報》的總經理兼京社社長，繼任人選為蕭化之即蕭贊育先生，所以化之約了我們幾個與《和平日報》有關、喜歡弄筆桿子的朋友吃吃談談。雷嘯岑李士英當時同任京社主筆，都會寫文章。可是《和平日報》是軍報，寫軍報的文章比寫黨報的文章更費腦筋，更為吃力；四平八穩固然要緊，平淡輕鬆亦不合宜。而且《和平日報》的社論，最高當局最為重視，自然應該格外小心。所以兼任總主筆的黃少谷每晚深夜審閱社論時，一邊吃花生米一邊改社論，字斟句酌，必求達到無可疵議，才予發排。一盤一盤花生米吃完了，而文章還未改完，實非得已。以「傲骨嶙峋」為風格的雷嘯岑先生的大作，可能也在修改之列吧？

今日趙五娘

十二月二十七日

小雪。上午赴監察院，于先生未來，因冒雪至寧夏路官邸訪候。一傳者謂：「前數日院長到處找先生，並請吃飯，未知住址。」余入內，而于先生又未在家，因留寓址。下午，再訪張文白，切談報事，彼謂已批下，囑與劉孟純商辦即可。晚餐，劉孟純約余與屈武等至大三元，所談皆風花雪月，無關宏旨，余默然，食不下咽。余在京苦悶無聊，沉鬱已極，加以天氣太壞，所聞皆一片悲觀論調，居處飲食又不安，決後日赴滬，度此殘年。

按：劉孟純係當時張文白幕下之機要人員，張對他頗信賴，兼主新疆省政，劉即為新省府秘書長。我到迪化時，曾數次觀光劉孟純所開的舞會，常召來美麗的「二轉子」（維吾爾族與漢族通婚所生之女兒）翩翩起舞。我不會跳舞，所以只是觀光。劉孟純妻陳梅瑰，是一個新詩人，美而多才，不知如何為夫遺棄。抗戰時，劉在重慶任總政治部主任秘書，陳陷於上海，經過種種危難及重病，幸得一位義士營救，始免一死。這位義士就是湖南同鄉的張子羽。我在戰後辦上海《和平日報》，見女記者中有陳羽新的名字，我問敦偉是誰，敦偉也不甚明白底細，後來見面，才知道就是陳梅瑰。我問她為什麼改名？她對我和慧痛哭流涕的敘述萬里尋夫被遺棄的悲慘經過，那經過就好像一篇哀情小說，故事近似乎平劇的「趙五娘」，其所以改名羽新，是因張子羽而得到新生命的意思，我們聽了非常同情她，而責劉孟純的無情無義，像漢朝的蔡中郎那樣。

十二月二十八日

雪止，下午轉晴。寓京每晨八九時即聞飛機聲軋軋，乃投前線彈藥糧食，聞杜兵團已殺馬為食矣。都門禁止「和談」，而「和談」益甚。接鴻兒信，知住杭州已八日而尚在候車，二十三日始有車，是否可靠仍未定。歲暮天寒，時亂時荒，一家轉徙，如何是了！

按：當時數十萬大軍竟至被迫得殺馬為食。江淮一帶四通八達之處，亦竟成為死隘而用空投，真正是出乎意料之外。前線國軍大失利，更刺激了一般人心。徐蚌會戰的兵團都是最新裝備，號稱勁旅，不料被匪軍一圍就透不過氣來。考當時最大的錯誤，就是「和談」，同共匪談和，無異自投羅網。假使政府抱最大的決心，痛斥「和談」，不要軍事好轉一點就想打，壞一點又想和，時好時壞則且打且和，則大陸何致於全部淪陷。「和談」妄說一起，首先打擊了士氣，將士誰肯再效死命？再則刺激了民心，人民誰願擁護政府？民心和士氣，都因「和談」而消沉，這全是共匪利用的鬼魅技倆，巧奪豪取來霸佔天下。前方打得好，固然要痛斥「和談」；打得不好，更要反對「和談」。共匪利用一般人心的厭惡戰爭、愛好和平的心理，加緊「和談」的攻勢，實在可痛可恨！

我的一家過杭州竟住了八日之久，為著候車，當時浙贛鐵路的擁擠情形可見，卻不知其中尚有內幕；大批散兵游勇，軍人眷屬，乃至有背景的商人、公務員和學生，乘著混水摸魚的機會，一齊擁上浙贛路來跑單幫，利市百倍。這些多是不買票的特殊乘客，火車只有他們坐的份，正規買票的乘客像我的一家必須一等再等，等到了又必須一擠再擠。在整個江南快垮以前，浙贛路先江南而垮。無辜而受罪的只是那些善良的乘客，包括我一家八口在內。

十二月二十九日

陰。上午，獨赴夫子廟各舊書店，欲尋我之著作，迄未購得。午飯於五味和川菜館。下午三時借京社車駛下關乘飛快車。對坐一中年婦人衣飾甚華貴，輪廓如某夫人。夜九時抵滬，僱三輪車赴定興路，已而祖光始歸。

按：世亂紛紛避死不暇中，我尚有閒情找自己的著書，真是好整以暇了。我為什麼忽然如此？乃是因為我知道世變將無已時，也許再要大亂十年、二十年、五十年，我一生經過了幾次大變動，已經看過了第一次世界大戰、第二次世界大戰，準可以再看到第三次世界大戰，國內的小戰還不在內。經過了多少滄桑，我的著作全部沉淪。我想再不搜集幾本，以後便無機會。今天想起，我實在是天下第一等愚人！整個世界天翻地覆了，虛空破碎大地沉淪的時代快來了，基督教所說的末日快到了，還談什麼撈什子的書！要這些撈什子何用？

火車中，瞥見一個華貴服裝的婦人，本來很平常，但因這女人的輪廓有些像某夫人，就令我另眼相看了。我看見她的小行李很多，東一包西一包，不是搬家到上海，就是到上海看親人。我見她舉止雍容，神態靜默，像是有一個安定而圓滿的家庭，就悽然而想起了滯留杭州的我那份流離破碎的家。我本來和她對坐的，後來有乘客下車，我便換了一個座位，背她而坐，免得傷心。

當我搜買舊書時，曾順便漫步秦淮河一帶。「到如今只有蔣山青、秦淮碧」，而在我漫步的當時，蔣山也不青了，秦淮也不碧了。六代繁華，一堆荒煙亂草；兩三遊女，無邊夕照低簷。利涉橋下，桃葉渡頭，冷冷清清，孤孤寂寂。我記得我隨北伐大軍打入南京的時候，第二晚就到秦淮河畫舫一遊，那時燈火輝煌，歌聲宛轉，絕不似亂離景象。如今共匪還沒有踏入金陵，而整個首都，不惟有些大人先生們已匿跡潛形，連夫子廟的雛鷺乳燕也紛飛四散，人去樓空。烏衣巷就在夫子廟附近，它從二千年前的王、謝看起，一直看到今天。它將不斷的看到：「王侯第宅皆新主，文武衣冠異昔時」。只有這一條小而幽靜的巷子，是對得住那幾隻飛來飛去的堂前燕子的。

我倉皇辭京

十二月三十日

雨。午飯後，電詢中航公司，知蘭州班機今日到，乃僱汽車，適張慎倫夫婦來訪，同去迎慧。抵機場則慧已下機，遂同返定興路。西北之行二年，因慧歸而告一結束。晚，張君夫婦約餐於會賓樓。

按：我結束了兩年的西北生活。黃沙白草，天蒼蒼，野茫茫，猶有餘戀。西北這一大塊地方，確實可愛，也確實可悲。西北是中華民族的文化搖籃，先民的發跡，一步步踏入中原，化及南方。西北民性的剛毅純樸，物產的埋藏豐饒，具備古中國和新世紀的雙重特質。可是西北的地理環境實在也太壞，中國歷史上的大患來自北方，民族南遷也是受外患嚴重威脅的具體說明。自從政治中心、財富彙集南移，西北便成了「塞外」。人民生活的窮苦無以復加，教育文化一切落後。我去西北時抱有一個宏願，想屹立文化崗位上為西北人民服務十年八年，吃虧吃苦耐寒耐凍在所不辭，不幸願與心違，僅僅兩年便南旋了。

以上係摘錄我的十七天的日記。自此以後我和慧便住在上海定興里尹祖光的寓所。在此短短期間，曾同慧到過鎮江一次，看看自己的房子，給了些錢與老家人魯福，要他好好照管，主僕相對，揮淚而別。

我在上海得著一位商界好友的資助，創辦《新希望週刊》，不過兩三月，上海局勢緊張，我們便離滬飛臺。我們國民政府的首都南京被共匪佔領是民國三十八年（一九四九）四月二十四日，距我最後離京不過一週。國民政府撤退南京的前夕，我匆匆離開南京赴上海。那時大局情形已極混亂，戎馬倥傯，人心惶惶，眼見祖國版圖就快變色了。政府各機關已搬走一空，學校無形停課，商店無形罷市，繁華的首都變成一座死城。馬路上幾乎見不到行人，而只是軍車橫衝亂撞，灰塵撲天。

請讀我當時一首詩吧。這首詩同樣是被許多朋友讚美的，我自己也覺得寫得沉痛，可以反映我最後離京時的悽清的心情與危岌的首都的動態。詩如次：「紫金山色碧籠葱，殘照江山半壁紅。別夢依依王謝燕，春愁黯黯景陽鐘。梅開孤嶺清香冷，浪打空城戰意濃。揮手東行增悵惘，鼓樓斜月馬嘶風。」

我以萬分沉重的心情，同一個朋友搭半夜開往上海的加班特別快車，還是預先訂好了車票的，聽說再過一兩天火車便不通了。前詩最後一句「鼓樓斜月馬嘶風」，自覺寫盡了當時戰亂和流離的悲痛的情景。經鼓樓，出下關，斜月一彎，疏星數點，車轔轔，馬蕭蕭，悽清的人影，黯淡的燈影，都在嚴寒峻峭裡抖擻著。誰也沒想到大局變化得像玩魔術一般，數日之間即急轉直下，好似鴟鴞一叫，百鳥紛飛。山圍故國，潮打空城，重演六朝悲劇。到下關火車站時，一片人山人海，秩序已極混亂，情形非常狼狽。我同那個朋友因夜深肚餓，站在黑巷一處小食攤邊，各吃了一碗熱粥，然後踉蹌登車，相對無言，百感蒼茫。

匪軍是在深夜二時半侵入南京的，到黎明時有一萬餘人入城，是陳匪毅的部隊。二十五日以後，匪軍逐漸增加，駐郊外者無法統計，入城兵數當在五萬。於是千古名都，悽然變色。我到上海後，留在南京的一個詩人朋友於四月三十日化裝小販，冒險輾轉逃來上海。據這個朋友告訴我，他行前為和這座歷史上的名都珍重惜別，曾獨步玄武湖邊，看見無數匪軍軍官偕眷屬正在遊玩，秧歌高唱入雲。他說：那湖光，那山色，那幾千年的城堞依舊，而人物已非，他不禁低回吟詠唐人的詩句：「六朝如夢鳥空啼！」這個朋友倒比我強，城陷數日，還悠哉游哉不忘其詩人本色，而且居然能逃出來，真所謂智勇兼備矣！

又在前詩中尚有「梅開孤嶺清香冷」一句，則指揚州的陷落。我離京時，揚州情勢已非常緊急。到上海後，證實揚州蛻變比南京更為戲劇化。匪軍晚間九時從揚州北門踰城而入，國軍從福應門撤離，退守施家橋，沒有經過戰爭。所以揚州人民次日恍惚從夢中醒來，只見滿街都是「華中軍區司令陳毅」和「揚州市軍事管制委員會主委劉先勝」的佈告和灰色制服的匪軍，以及三三兩兩的男女政治宣傳員。「春風十里揚州夢，捲上珠簾總不如」，揚州就這樣完了。因為揚州的梅花嶺是明末孤忠民族英雄史可法的廬墓，如今，史可法在九泉之下氣得發昏了。

上面發表的當時十幾天的日記，不過是東鱗西爪，毫無歷史上的價值，但即從此斷簡零篇中也可看出大動亂中的一些幽影。國家不幸在抗戰八年中遭受強鄰頑敵的侵略，一旦勝利，滿以為滿目瘡痍救衰補敝可以從新建設起來，卻想不到再遭國內赤匪的破壞，喘息未安，烽煙再舉，卒至倉皇辭京，神州陸沉。天下最悲痛的事，寧有過此？在我的日記裡，敬請讀者鑒諒，無疑多多少少有些歎息和悲憤，那完全是為著國家民族的不幸而發出的應有的牢騷，如有過激之處，尚求俯鑒我一片赤忱，加以赦免。我那首詩，題名「辭京」，以後朋友們要我寫這首詩，我把「辭」字最後一直拖得很長，表示對國都淪陷無比的傷感。以前李白寫「長相思，在長安！」我則寫「長相思，在南京！」南京，我們的首都！到今天，一別多年，我們時時在懷念你，在熱戀你，我們不久總有一天回來高高的抬起你的！

浙贛路傳奇

剛在前面說過，我一家流離由浙贛鐵路線回湘，想不到交通這樣困難，沿途辛苦好不容易才回到老家漢壽，這不是浙贛路本身之罪，而是在大動盪時代所造成的病態。我一想起這條東南大動脈的前因後果，心裡常常在波動著，付之浩歎。

翻開民國三十五年秋十月的全面復員史乘裡，在交通接收章中對於這段九百九十六公里的橫斷鄱陽平原和江南平原的大動脈浙贛路，是屬於空白的一頁。不但一輛機車一根鋼軌沒有從敵偽的手裡接收過來，即連抗戰期間那點雛型都被徹底破壞了。然而，它也一樣的不弱於江南任何一條鐵路，在復員的四個月後又開始和戰前一樣奔馳在浙贛大平原之上了，這不能不說是一個奇蹟。

創造這個奇蹟的代表者是侯家源。自然，他背後還有許多中國的土木橋樑鐵道建設的人才以及無名英雄的雙手。侯家源是一個有雄心的工程師，他想和名馳中外的詹天佑齊名，所以拚命想把浙贛路搞成平綏路，一樣由中國技術人才總匯裡創造出中國自己的鐵道。

當再調查著手復工的時候，侯家源曾挺起胸脯來，和聯總駐華的分署長艾奇頓慷慨的說：「只要你聯總把東西給我們運來，我們擔保四個月之內就可以通車。」艾奇頓當時很滿意這份中國技術人員的自負，翹著大拇指說一聲：「OK！」浙贛路復員像是有辦法了。

四個月這個期間似乎太短，尤其對於那破壞得最慘的浙贛路，先從土段重培說起吧，抗戰期中從自己的手裡徹底的損壞了，在路基上左挖一個圓弧形的深坑，連結著右面又剜一個圓形的深坑，這樣有如彈簧式橫斷面的破壞，要重新補起土來，路基是會虛實不勻，舊面實打實招，新面鬆洩軟滑，為了時間的爭取，更不能充分利用壓道機壓實，結果只在走了不過五趟試車之後，便正式跑起來，所以你在通車以及坐著這條路的火車，時時會感到左搖右擺。你或許還不明白這其間的艱苦的經過，然而這已經是難能可貴了。

土段完成，聯總的材料也運到了，看過了這份受贈的資材，使得中國技術人員沒有一個不蹙眉搖首，原來這些多是美國用過了的廢舊器材，七拼八湊集攏在一起，然而總是朋友慷慨贈予的，而自己又不爭氣，在這種尷尬的情形下，又有什麼補救的辦法呢？

聯總運來的東西，像和中國技術人員開玩笑，原計劃的九十五磅的鋼軌，卻滲雜了六十五磅的鋼軌，因為其他的代替品沒有，只得把重量不一的鋼軌鋪在鬆寬不一的路面上，請想想：這種結果那能會好呢？機車走在這樣堅而亦鬆的路基上已經要小心了，再碰上輕重懸殊的鐵軌，只有像牛步化的慢慢走起來，就是這樣，路局還不放心，你可以看到你坐在車廂裡送到眼前的有那麼多的「慢！

慢！」的招牌。人坐在車廂裡儘管著急，機車卻不管這些，照例不緊不慢的開動著。

這一來，中國技術人員沒法來誇「海口」了。這條沒用一個外國人興修的鐵路，是這樣搖搖擺擺慢慢匀匀的走著，像《宇宙鋒》中裝啞吧的瘋女，於是侯家源這個響亮的名字也跟著不吃香了，連中國技術人員的一點自豪的聲息也黯然低沉下去了。這條後來做了東南大動脈，特別是在共匪吞噬了上海這個海口之後，東南廣大地區逃難的人們奉為唯一生命線的鐵路，為了聯總和中國開玩笑而注定了忐忑的命運，更為了國內時局的緊張而變成傳奇的淵藪，可歎亦復可痛！

這條橫斷浙贛的大動脈之運行，自政府疏散南遷以來，其奇形怪狀真是開了鐵道運行史上空前絕後的史例。儘管有五天六天拿著車票上不去車子的旅客，但每次車裡滿坑滿谷的人，多是搖頭免票的傳奇人物；儘管站長有負責列車開停的全責，但現在卻旁落到傳奇人物的手裡；儘管站上有負責維護鐵路的人員，然而卻要伺候著傳奇人物的顏色；而那些正式買了票上車的乘客，也要向傳奇人物哀懇，得到了他們的支援才可以上車。這些怪現象，你說在鐵道那段歷史上有過這樣反常的例子？

坦率的說，自政府疏散南遷以來，這條孤臣孽子式的浙贛路成了傳奇人物的獨霸場面，它所背負的包袱實在太沉重了。什麼都放在後面，軍事第一！軍事當然第一，但攪來攪去，卻弄成傳奇人物的「武裝單幫客」第一的時代了。這不是與軍事第一背道而馳嗎？

有一個在諸暨買了五天票而上不去車的旅客，他目送著開過來十一次的堆滿了單幫客的車子走過去，但他沒法上得車，因為不但車裡上不去，就是車頂上，車門外，貨車的貨堆上，都站著坐著或臥著滿滿的傳奇人物，他們都挾持著大批的貨物，南昌的米一袋就是兩三石，衢州的竹籠橘子，金華的火腿，以及雞鴨和雞蛋等，帶到杭州或者上海去賣，回程上再帶了捲煙、布疋等等，一趟一趟的川流不息的跑著，肥滿了自己的腰袋，卻扯瘦了浙贛路的員工，扯垮了浙贛路的身子。

我們總還記得：在抗戰期間的未淪陷區域，如大西南一帶也一樣有「單幫客」，我國之有單幫客，不自今始，古代也有。可是抗戰時期的單幫客，尚有其一定的限度，而且軍人（不論現役退役）幹這種額外生意的絕少，想不到勝利之後，此風大漲，一到東南大激盪的邊緣，簡直不可收拾。最可歎的是：不但軍人跑單幫，學生也跑單幫！

學生跑單幫

為了浙贛路的收入太少，自養自足沒辦法，而交通部也一籌莫展。票價是高漲如山了，然而十個乘客八個無票，車上查票的列車長一問那些無票的乘客，他們橫著眉豎著眼說：「老子身上那來錢買票？我們給國家出力出命，到今天落到這地步，還要我們拿錢買票？真正是豈有此理！」說完，只差向那列車長吐一口口水。

站上服務人員既不管這份閒事，列車長只得馬虎一點；不是一點，簡直是全部馬馬虎虎了。遇到客氣一些的是穿著破舊的制服的流亡學生。他們帶了學校的證明文件，告訴列車長：「我是流亡的學生！」下文不說也知道，就是要求免費，列車長心中有數，也只好苦笑了一笑。

上面說過：在這條路上百分之八十是免費的乘客，百分之二十是買了票的乘客。照例：「少數服從多數」，這百分之二十是百分之八十的奴役。例如我的一家，就是在政府發出南遷的信號後從鎮江撤退經上海搭浙贛路車回老家，規規矩矩買了票的，自然也屬於「奴役」之一部。所謂「奴役」是指一種隸屬的關係，免費的特殊人物可以向有票的普通乘客指揮一切，決定一切，你有坐位也得讓開，你吃東西也得貢獻。鴻兒回湖南後，曾寫信向我報告浙贛路車中的真情實狀和沿途車行的奇姿異態，一路一家受盡了烏煙瘴氣的痛苦，幸而每個人類總還有一點良心，那些傳奇的特殊人物對於像我母親那樣一位七十多高齡的老太婆，還沒有什麼難堪之處，沒有命令她老人家讓出坐位來，總應該表示萬分感激吧。鴻兒又告訴我，他是一個青年學生，隨著祖母、母親及諸弟妹蹲在車上，面對著一群群拿了米和雞以及其他雜件的流亡青年學生，感到無比的悲哀。鴻兒也是流亡學生之一，他夢也夢不到在車中看到這些太夠刺激的情景。他的信上告訴我：他曾和一個同站在車廂一角的流亡學生攀談，問起那青年為什麼也來跑單幫？據那個學生感慨的答覆是：「國家一天給七兩半米實在吃不飽，還要替家裡想想辦法，沒法子只有走這一條路啊！」

我們這些青春年華的中華新青年到這大動盪時代而陷於這樣可憐可哀的命運，實在比什麼的損失還大。我們的國土被敵匪侵佔總有光復的一天，而我們的青年的精神被斷喪到這步田地，將永無恢復的一日。這些青年起初還有點珍惜自己的年華，後來賺錢證實賺得多點了，就漸漸變成職業化的流亡學生單幫客。他們也在變，變成浙贛路上的傳奇人物。他們雖不能和另一批氣勢洶洶的傳奇人物分庭抗禮，甚至常常也和買票乘客一樣受盡欺侮、壓迫和剝削，但由於人數也相當多，而且有組織和團結，在生意經上大有「井水不犯河水」的默契，因此打出了一條出路。這不知是誰毀滅了青年或青年辜負了誰？

結果，浙贛路的員工沒法子生活下去了，就用怠工、停駛來向當局嚴重的抗議著，但侯家源有什麼辦法應付呢？後來對傳奇人物司空見慣更是沒人提及了，他們只怪當初為什麼拚命的來復興這條路，而聯總為什麼把那些破銅爛鐵來贈給苦難的中國。

據說有一天，這條路的一些中國的技術人員，站在玉山山麓的浙贛路復興殉職的紀念碑之前百感交集的大哭了一場，但哭有什麼用處呢？

我今天寫到這一幕，實有無窮的感歎，同時又激動一種興奮的心情。例如我們今天的民族復興地的臺灣，當局以無比的卓見和魄力，也像從前浙贛路集中技術人才一樣，神工鬼斧，開闢鴻濛般，創出了橫貫公路一個大奇蹟。也一樣有殉職的工程師，例如已故老友羅敦偉先生的兒子羅裕，豐碑立在高山峻嶺間。我們的「榮總」發揮了偉大的熱力，建樹了各種各樣龐大的事業，進一步向國際發展，幫助友邦築路修橋，這全是表現中國軍人的鐵骨銅筋和雙手萬能，用開山機、挖土機、鋤頭、釘鎚，代替了槍桿子，一樣造出豐裕國計民生的宏效，這真是一個絕好的榜樣。假使當日的浙贛路也能像今日一般新作風新精神來管理來經營，又何至於產生那些傳奇性的怪現象？今天臺灣的建設成績，又何嘗不是我們中國人自己打出來的天下？我們又何必一定依靠朋友？

我又回想到當時京滬鐵路和滬杭鐵路的情形。可以說：每條鐵路和公路上都是有單幫客的，不過無論如何，不會像浙贛路那樣糟。有一個因素，可能因為京滬和滬杭近在中央畿輔之地，交通當局容易管制，所以車行秩序和車上秩序都比較良好。據聞有一次在下關車站有兩名軍人不買票強登車，經服務人員再三懇勸，態度頑劣，被憲兵發覺了，立時執著，解到雨花台處決示警，此後即無搗亂現象發生。在杭州，聽說有一次由軍警聯合查緝走單幫，沒收了大批貨品，以後此風漸減。可見亂世用重典是有道理的。

當我親自送家人在上海北站上車時，我已發現車上各種怪現狀，我總不忘我的老母是由我們幾個人把她老人家抬起送進車窗窗口的，擁擠和雜亂的情形，可以想見。我以為這只是離亂動盪關頭難免的現象，還不知道車中的惡霸集團這樣的猖獗。丘八（兵）和丘九（學生）是我們這一時代的兩大問題，我們一定要好好教導，好好安排，引著他們走上光明的大道，再不要淪為單幫客還加上傳奇人物，我們才對得起他們，才對得起國家。

誤國是和談

神州板蕩，大陸沉淪，可以說是：完全為所謂「和談」所誤。當時政府固有不得已的苦衷，而全國人民也沒有盡到督促政府的責任，以致一誤再誤，貽患無窮，痛定思痛，現在將「和談」及與匪軍奮戰的經過情形，予以簡要的概述，以存當代史實，作為天下殷鑑。

在抗戰勝利前，我國政府因受國際壓力，於民國三十三年五月派王世杰與共匪代表林祖涵在西安洽商解決國「共」間的糾紛，日久未獲結果。勝利以後，美國政府再促我國政府與共匪頭目直接進行洽商。在美國保證之下，毛匪澤東經三次邀約後，於民國三十四年八月二十八日，由美駐華大使赫爾利陪同，攜周恩來、王若飛，自延安飛抵重慶，於是開始所謂國「共」間的談判：一面由蔣主席與毛澤東直接會談，一面由政府代表張羣、王世杰、邵力子與周恩來、王若飛連續協商，至九月二十四日，共匪同意「以和平民主團結為基礎，並在　蔣主席領導之下長期合作，堅決避免內戰。」及「由國民政府召開政治協商會議，邀請各黨派代表及社會賢達協商國事，討論和平建國方案及國民大會各項問題。」當時毛匪以熱烈的姿態，舉手高呼「　蔣主席萬歲！」後來證實：全是一副偽裝。

同時，共匪向政府提出各項要脅，如：一、重選國民大會代表和修改五五憲法草案，二、「中共中央」及地方軍事人員應參加軍事委員會及其各部門工作，三、「陝甘寧邊區」及熱河、察哈爾、河北、山東、山西五省，應委「中共」推選之人員為省政府主席及委員，綏遠、河南、江蘇、安徽、湖北、廣東六省，應委「中共」推選之人員為省政府副主席及委員，北平、天津、青島、上海四特別市，應委「中共」推選之人員為副市長。東北各省，容許「中共」推選之人員參加行政。這樣的要挾，簡直要把整個中國吞下去，以便全部赤化。當時政府以全國政令統一為先決條件，未便接受共匪全部要求。九月十一日，毛酋飛返延安。

民國三十四年十二月十五日，美國總統杜魯門派遣特使馬歇爾來華，作調停人，欲以「和平民主方法達成中國之統一」。馬歇爾及美國所稱的「中國通」，根本不瞭解中國的現狀和實情，以為共匪「只是土地改革者」，來華後即向我政府提出各種建議：一、國「共」應停止敵對行為，二、「共軍」吸收於國軍內，按相對的實力而定比例，三、召集國民黨、「共產黨」、各獨立派系的全國性會議，建立聯合政府。馬歇爾也來威脅我國政府，如不接受則將停止美援。政府委曲求全，於民國三十五年一月十日召開政治協商會議，出席會員三十六人，包括國民黨七人，「共產黨」六人，青年黨五人，「民主同盟」二人，國家社會黨二人，救國會二人，職業教育社一人，村治派一人，第三黨一人，無黨派人士九人。我在本文前面報導過的那些五花八門的「民主人士」，一齊出籠。 蔣主席於開幕詞中有最切要和最沉重的表示：「……政府召集協商會議，完全出自責任感，不容有自私或其他動機存在其間。凡會議之決定有利於建國與增進人民福利及有助於國家之民主化者，政府無不衷誠接受。」

到一月三十一日政協閉幕，決議共五大類，大致是：一、政府組織：在未實施憲政前，國民政府委員會為全國最高權力機關，委員名額四十人，對各黨派作適當之分配。二、和平建國計劃：各政黨均被認為合法，且具有平等的地位，同時各黨曾保證承認 蔣主席有全國性領導地位。三、軍事問題：規定改編及裁減軍隊，成立屬於國家之軍隊，政黨不得在其中作政治活動。又規定三人軍事小組應協議儘早實行改編「中共」軍隊。四、國民大會：規定民國三十五年五月五日召開國民大會，以制定憲法。遴選代表名額最初協議為七百名：國民黨二百二十名，「共產黨」一百九十名，「民主同盟」一百二十名，青年黨一百名，社會賢達七十名。五、憲法草案：關於民國二十五年的五五憲法草案，組織憲草審議委員會，以兩個月為完成期間，提供國民大會採納。閉幕時， 蔣主席再以堅定而懇摯的口吻發表聲明：「……自今以後，不論余在朝在野，余將與國人忠實堅決遵從此項會議之決議。」政府領袖雖有這樣鄭重而認真的保證，而且正在忠實的執行決議，可是以後事實的演變，所有政協一切決議，完全被共匪破壞無遺。

共匪破壞政協決議的事實簡述如下：以馬歇爾為主席的「三人小組」，包括政府代表的張羣，「中共」的代表周恩來，商討停止衝突及其他有關事項。因為這是一個基本問題，也是一個先決問題，如果照舊打仗，其他一切就無從談到。民國三十五年一月七日，三人小組舉行首次會議，一月十日製定停止國內軍事衝突辦法，其中特別規定政府得將軍隊開入東北以恢復中國在東北之主權，同日政府與「中共」分向所屬軍隊發佈停止武裝衝突及軍事調動的命令。又在同日決議設立一個軍事小組，以計劃中國軍隊的改編，政府代表為張治中，「中共」代表為周恩來，馬歇爾任顧問。一月二十五日，政府與「中共」復成立一項協議，稱為「軍隊整編方案」，規定全國軍隊應於十八個月內完成整編，將國軍減為五十師，「共軍」減為十師，每師不得超過一萬四千人，使成為一國家化而無政治性的民主武力。馬歇爾認為任務達成，三月十五日回美國去了。馬歇爾一去，共匪又開始對國軍進攻，尤以東北方面最為嚴重。蘇軍自東北撤退後，匪軍對國軍乘機發動猛烈攻擊，馬歇爾去後第五天即三月二十日，匪軍陷四平街，四月十八日陷長春，繼陷吉林、哈爾濱、齊齊哈爾等地，自松花江以北先後淪入匪手。周匪恩來在四月四日正式宣佈東北全面敵對行動，停戰協定遂被撕毀。

容忍到極度

共匪既然摧毀停戰協定，國軍迫於情勢，同年五月在東北發動反攻，五月三日克本溪，十九日克四平街，二十三日克長春，二十八日克吉林，三十日克懷德等處，越松花江，六月五日進迫哈爾濱。匪軍渙散，紛紛反正。

在這種變動下，四月十八日「外國和平老人」的馬歇爾將軍又重來中國，努力調停，於是政府於六月五日下令東北國軍自七日正午起停止前進，同時「中共」也聲明已命令「共軍」自七日正午起不再襲擊國軍，這樣，使共匪獲得一喘息的時間，如果不是「外國和平老人」又來搞「和談」，以國軍勢如破竹的聲勢，消滅匪軍正是一個絕好的機會。到六月二十六日，三人小組復達成一項協議，規定國「共」兩軍應依照三十五年六月七日正午以前的狀態，停止一切軍事行動，國軍首先遵辦，而共匪再度將停戰協議撕毀。

在東北停戰命令生效後三小時，即六月七日下午三時，東北匪軍分四路向國軍猛攻，國軍為忠實遵守停戰協議，不作抵抗。六月十日，國軍退守松花江南岸。同時其他各地匪軍，也乘機擴大攻勢，如蘇魯方面的匪軍陳毅部，於六月上旬分陷膠州、棗莊、德州，並圍攻青島，國軍被迫，萬不得已才開始抵抗，戰況慘烈。七月中旬到下旬，匪軍陷蘇北泰興，猛攻徐州，進犯六合，都被國軍擊退。又如豫鄂方面的匪軍李先念部，於七月上旬中旬分陷自忠、新野、鄧縣、淅川，流竄於伏牛山區。八月上旬，另路匪軍劉伯誠部擾亂隴海路東段，陷蘭封、考城、民權、杞縣等地。山西方面的匪軍賀龍部先後陷晉北等五縣，並圍攻大同；晉南匪軍也從六月中旬分陷絳縣、夏縣、洪洞。

三人小組在北平設立的軍事調處執行部，根本無法調處，也無法執行，因為共匪故意違抗命令，不顧一切，眼見戰亂再行擴大。請看，我們的盟邦一番調停的苦心所得的代價出來了，七月七日，共匪正式發表宣言，猛烈攻擊美國的對華政策，而且出以行動！七月二十九日，匪軍對自天津至北平換防的美國海軍陸戰隊實行襲擊，美兵死亡三人，受傷十二人。匪軍更向「山姆大叔」節節示威：三十六年四月五日，再度襲擊塘沽附近的美軍軍火庫，美兵又死亡五人，受傷十六人。

「山姆大叔」的忍耐實在令人驚奇。八月底，美國駐華大使司徒雷登又建議另組織一個「五人小組」，也包括政府與「中共」代表，組織一個「國務會議」來解決停戰問題，結果沒有實現，因共匪堅決反對，並於九月十六日，周匪恩來離京赴滬，十一月十九日飛返延安老巢。十二月六日，共匪南京發言人宣稱：「中共軍已在各處先發制人，奮鬥到底！」於是停戰協定至此全部毀滅。

共匪破壞停戰協定後，政府迫不得已命令各地國軍展開對匪掃蕩，迭克名城，重創匪軍。蘇北方面，從八月下旬到十二月中旬，先後克睢寧、淮陰、淮安、界首、鹽城、漣水、阜寧。山東方面，從九月初旬到十一月初旬，先後克東明、濟寧、菏澤、煙臺、平度。冀綏熱察方面從九月上旬到十一月初，先後克虞城、垣曲、喜峰口、古北口、遷安、翼城、集寧、懷來、尚義、圍場、張家口、宣化等處，共匪潰不成軍，死傷慘重。東北方面，十月間連克安東、開魯、通化、臨江，進抵鴨綠江畔。

匪軍慘敗，國軍大勝，這又面臨一個轉危為安，大有可為的時機，而馬歇爾竟因憤於調停之失敗，居然電請美國政府自民國三十五年（一九四六）七月起斷絕一切對華援助。八月十八日，美國總統杜魯門用正式命令禁止中國購買美國剩餘的軍火，於是國軍補給從此發生問題。馬歇爾乃於民國三十六年一月八日拂袖離華返美，臨行時發表文告，他也知道「中共極端派企圖在經濟上促成政府之顛覆或崩潰」，但為什麼那樣重視共匪呢？他又慼歎於「其經驗與理想相違甚遠」，但為什麼不正確的認清中國真情實況呢？

馬歇爾回國後，政府仍希望用和平方法解決所謂「中共問題」，民國三十六年一月十六日，再派張治中赴延安，表示願與「中共」恢復「和談」，仍被共匪拒絕。這已達到政府容忍的最高限度。七月十八日，政府頒佈「完成動員戡亂實施憲政綱要」，曉喻全國人民通力戡亂。十月二十八日下令解散「民主同盟」，即為明確的表示。於是全國展開全面的反共戰爭。

從三十六年一月到五月間，戡亂剿匪的軍事形勢非常有利。例如：一月二十二日，匪「淮陽縱隊司令」張少武通電反正。二十七日，郝鵬舉率二萬餘人來歸，蘇魯戰局頓形改觀。二月八日後國軍克臨沂等地，匪軍劉伯誠部被逼竄入豫東。二月十四日起到四月一日，國軍連克城武、定陶、鄆城、滕縣、汶上、曲阜、泰安等名城，打通了津浦路徐州至濟南段，匪軍陳毅殘部被包圍於沂蒙山區。而竄入豫東的劉匪，又遭國軍迎頭痛擊，死傷奇重。三月十九日國軍攻破延安匪巢，擊潰匪軍十萬，俘匪萬餘，陝北全境次第光復。

在山西方面，匪勢較為猖獗，但經國軍增援反攻，四月到七月間迭克霸縣、高陽、雄縣等處，與匪形成對峙狀態。五月間，國軍繼續在山東展開掃蕩，先後克萊蕪、吐絲口，截斷沂蒙山區，匪軍潰散，紛紛反正。八月間，膠濟沿線匪軍全部肅清。九月間國軍登陸龍口、煙臺、蓬萊、威海衛，山東戰事告一結束。

所以民國三十六年這一年，是國軍極佔優勢的一年，一到第二年的三十七年，形勢就急劇的轉變了。狡猾的共匪在三十六年前後，為謀挽救失敗的命運及軍事的頹勢，除發動匪軍陳賡部進犯河南與匪軍林彪部騷擾東北外，為配合軍事行動，實行向我方作政治戰及心理戰。

戰局的演變

共匪在三十六年度內，屢次在各地製造政治事件，最顯著的是二月二十八日臺灣的紛擾及各地的學潮。在三十五年十二月二十四日，共匪利用北平發生的「沈崇事件」，鼓動學生發動反美運動。到三十六年一月，北平、天津、漢口的學生先後罷課遊行，要求美軍全部撤離中國。美國當局仍然漠視無睹。五月中旬，各地學生受共匪的挑撥煽動，學潮再度爆發。十七日，南京、上海、平、津，各地學校同時罷課，以增加副食費及公費數額為藉口，發動所謂「吃光運動」，竟至要求政府結束「內戰」，與共匪迅速恢復「和談」，社會秩序大亂。

由於戰局的演變，大量難民擁入都市，共匪乘機肆力到處破壞交通，焚掠物資，實現強盜土匪的真面目，但即因此引起通貨膨脹，法幣貶值，經濟陷於枯竭。三十六年初，法幣發行總額為三萬五千億，到七月增至十萬億以上，法幣貶值益甚。到三十七年八月，政府實施幣制改革，二十三日開始發行金圓券以代替舊法幣，然因共匪的極端破壞與奸商的操縱，不久即歸失敗。同年十一月，金圓券的發行額已達到所規定二十億元的極限，各地金融陷於混亂狀態。南京、上海等大都市，搶米事件日有所聞。我那時正在上海，我和慧辛辛苦苦儲蓄起來的一點金圓券，存在永生錢莊內，轉瞬之間，已一文不值。現在想來，共匪能煽動學潮，我們為什麼不能領導學生？共匪能破壞經濟，我們為什麼不能穩定金融？實在有徹底檢討之必要。

國軍戰事到三十七年開始就逆轉。論兵力，當時各戰場國軍總數約二百七十萬，匪軍總數僅一百五十萬，但因國軍防地遼闊，僅能堅守重要據點，匪軍機動游擊，卻轉成主動地位。這年，國軍在東北的損失，最為慘重。由於駐守瀋陽的東北剿匪總司令衛立煌遲疑不增援錦州，錦州失守，國軍喪師達七萬人。後來衛立煌逃到香港作寓公，我曾在一個宴會上看見他，恥而不和他寒暄，果然不久就去大陸投匪了。十月三十日衛立煌棄瀋陽飛北平，瀋陽遂於十一月二日陷落，城內龐大國軍突圍，沿途遭匪截擊，抵天津只剩數千人，國軍菁華近三十萬完全喪失。

同年三月到九月間，在河南、陝西、山東，及平綏線都有猛烈的戰鬥，其中國軍與匪軍激戰於黃泛區十餘日，匪軍死傷近八萬人，使豫省戰局暫告穩定，但當匪軍彭德懷部再陷延安，而國軍叛變投匪者甚多，於是陝北各地相繼棄守。匪軍集中兵力圍攻濟南，因國軍第八十五師吳化文部叛變，濟南陷落，山東主席王耀武也附了匪。

最悲壯慘烈的是徐州大會戰，我已在前面寫下專篇，現在再扼要記述：民國三十七年十月，共匪劉伯誠、陳毅、陳賡等部約六十萬人開始圍攻徐州，政府任命劉峙為總指揮，集中主力四十萬人防守。十一月初，國軍與匪軍激戰於徐州附近，因國軍彼此缺乏聯絡，以致未能發揮作戰效能。十一月十日，黃伯韜兵團被陳毅部匪軍包圍於碾莊附近，到十七日彈盡援絕全軍覆沒，黃將軍自殺成仁。二十七日，黃維兵團被劉伯誠部匪軍包圍於蒙城澮河渦河之間，到十二月六日全部瓦解，黃維被俘，副司令官胡璉突圍逃出。胡璉將軍現任我國駐越大使。國軍於十二月二日自動放棄徐州，向南撤退，到永城青龍集附近，遭匪軍三十萬人圍擊，傷亡奇重。這時天氣嚴寒，連日雨雪，國軍以接濟困難，空投也無法補救，遂感不支，苦持到三十八年一月八日，陣地卒被匪軍突破，指揮官杜聿明被俘，兵團司令邱清泉將軍殉國，李彌等突圍逃出，現李彌將軍寓居臺北。匪軍乘勢南陷蚌埠、臨淮等地，進而威脅南京。

同年十二月，盤據東北的林彪匪軍三十餘萬開入關內，包圍北平、天津。三十八年一月十五日，天津淪陷。華北剿匪總司令傅作義受共匪誘惑，即向匪投降，國軍十餘萬盡被改編。同年四月二十四日，太原淪陷，城陷後，代理主席梁化之等政府官員五百餘人集體自殺成仁，與漢代田横五百壯士同光青史，現在臺北留有「太原五百完人祠」，以昭忠藎，同時太原城內軍民死傷近四萬人，匪軍損失在二十萬人以上，寫下反共戰爭最悲壯的一頁。於是華北全部淪陷。這時國軍戰鬥人員減低到一百萬人左右，而匪軍則增至一百六十二萬，優劣形勢大異。此後即轉入東南方面的戰爭。

在國軍形勢這樣急劇逆轉之下，人心渙散，國本動搖，盟邦美國的態度愈形冷淡。前方重要將領如華中戰區剿匪總司令白崇禧及湖南省政府主席程潛等，電請政府停止對匪作戰，要求政府與共匪恢復「和談」，而美大使司徒雷登及李副總統顧問甘介侯等則致力於　蔣總統退職的醞釀。十二月三十一日，　蔣總統邀請國民黨中央執監委員會議，各委員的意見很不一致，谷正綱、張道藩、王世杰等都堅決反對　總統退職，但主和派大為抬頭，一月八日，由政府派黃紹竑等在香港試與共匪接洽，這時共匪態度驕橫已極，竟提出最苛刻的「和談」條件，內容狂妄荒唐，當然不能接受，但當時行政院為委曲求全，還是把「和談案」通過了，國民黨中政會決議同意。至此，　蔣總統乃於二十一日發佈引退文告，略謂：「……假令『共黨』果能由此覺悟，罷戰言和拯救人民於水火，保持國家之元氣，使領土主權克臻完整，歷史文化與社會秩序不受摧殘，人民生活與自由權利確有保障，在此原則下以致和平之功，此固中正馨香祝禱以求者也。」言極懇切沉重，仰見最高　領袖愛國愛民之苦心。我聽說當時上海一個中學國文教員，正在批改學生作文，讀到報上所載　總統引退的一段文告，黯然流淚，擲筆長歎。

東南與西北

蔣總統即於引退當日下午四時乘專機飛杭州轉返故鄉奉化。依照憲法規定，由副總統李宗仁代理總統職權。李宗仁一登臺，即迅速展開所謂「和談」，一月二十一日，派張治中、邵力子、黃紹竑、彭紹賢、鍾天心五人為政府「和談」代表，並一切順從共匪意見，下令撤消總動員令，停止執行戒嚴法，改各地剿匪總部為長官公署，釋放政治犯等等。二十七日李宗仁致電共匪，接受所提八項條款。二月初，又另派所謂非官方「和談」代表邵力子、顏惠慶、章士釗、江庸等十人赴北平，轉到石家莊與毛周二酋會晤。二月二十六日，共匪提出所謂「戰犯」四十五人名單，包括政府所有高級領袖，要求逮捕，交與共匪「懲辦」，瘋狂氣燄不可一世。

三月二十四日，李宗仁以「和平草案」提請行政院同意，決定政府正式「和談」代表團由張治中、邵力子、黃紹竑、章士釗、李蒸、劉斐六人組成。二十六日，共匪宣佈以周恩來、林彪、林伯渠、葉劍英、李維翰為匪方「和談」代表，並指定北平為「和談」地點。四月一日政府「和談」代表飛抵北平，五日上午九時「和談」正式開始，共匪於八項條款外再加二十四項補充要求。四月十五日，共匪以最後通牒致政府「和談」代表，限四月二十日以前全部接受其要求，並聲明不論戰爭或和平，匪軍都要渡江。

當李宗仁致電共匪接受所謂八項條款，事前未經國民黨中央委員會及行政院的同意，行政院長孫科憤而將行政院搬到廣州辦公，南京只留代總統辦公處專搞「和談」。三月八日，孫院長辭職，何應欽將軍繼任。共匪提出最後通牒後，全國譁然，政府各領袖以共匪的無理要挾等於無條件投降，一致反對，堅決拒絕。二十日政府電令北平的「和談」代表，拒絕匪方要求，所謂最後的「和談」因之決裂。張治中，邵力子等降匪。

於是匪軍悍然渡江。三十八年四月二十日為共匪「最後通牒」限期屆滿之一日，匪軍開始砲擊長江兩岸，乘夜分道渡過長江，西路匪軍劉伯誠、陳賡部自蕪湖荻港南犯，東路匪軍陳毅部進攻江陰砲臺，江陰要塞司令戴戎光叛變，砲臺易手。四月二十三日，國軍撤離南京，鎮江、常州、無錫等地陷落。南路匪軍於五月四日陷杭州，沿浙贛路南下，陷蕭山、金華等地，五月底侵入福建北部。北路匪軍，於五月六日陷嘉興，十二日陷瀏河，十三日陷太倉、嘉定，猛攻上海，遭國軍湯恩伯部迎頭痛擊，傷亡六萬人，五月二十七日國軍主動撤退上海。匪軍劉伯誠部渡江後，四月二十二日陷蕪湖，二十六日陷宣城，四月底竄入江西。五月五日陷鄱陽，二十一日陷南昌，繼續沿浙贛路西犯，七月中旬竄入湘境。浙贛路這條東南大動脈，如前所述的那樣糟，至此反而被匪軍利用無餘。

西北方面的戰局為我所最關心，因我在西北兩年，熱戀此祖國土地之一角。三十八年四月底，匪軍彭德懷卻開始進攻西安，國軍胡宗南部以防地突出，撤退西安，集中主力扼守秦嶺地區。五月底，新任西北軍政長官馬步芳自甘肅率部反攻，六月初連克岐山、鳳翔、扶風、武功等地，殲匪二萬，並包圍咸陽、西安，但因七月初，匪軍徐向前、聶榮臻等部大舉來援，關中各地再告淪陷。七月底，匪軍二十餘萬侵犯甘肅各地，八月初與國軍激戰於固原，匪軍傷亡達五萬人，國軍損失也重。八月二十六日激戰之下，國軍主動撤離蘭州。匪軍分三路繼續西犯：南路向青海，九月二日陷西寧，到十一月，青海全境淪陷。北路匪軍向寧夏，二十八日陷銀川。九月二十一日綏遠主席董其武附匪，寧夏及綏遠相繼失守。中路匪軍沿西北公路前進，九月中旬陷武威、張掖等地。二十六日，新疆主席鮑爾漢及警備總司令陶峙岳附匪，整個西北全部變色。這些地方，踏遍我的足跡，已如前文詳述。不料我中華文化發源之地，竟成為豺狼虎豹魔鬼踐踏之場。

同年五月十五日，國軍受匪軍林彪部進逼，撤退武漢。七月初，沙市、宜昌、枝江、松滋等地相繼陷落。七月初，匪軍侵入湘北，二十二日陷澧縣，二十四日陷醴陵，二十六日陷株州，二十九日陷常德，長沙近郊展開激戰。八月一日，湖南主席陳明仁及長沙綏靖主任程潛通電降匪。八月五日，政府任命黃杰為湖南主席，自動放棄長沙，集中國軍於衡陽附近。八月中旬，黃杰率部自湘西發動反攻，十七日克復青樹坪、永豐等地，殲匪一師，俘匪萬人，鹵獲槍械更多，造成突出的大勝，仍繼續沿湘黔路東進，二十三日克安仁、新化，二十六日克湘鄉，二十九日克湘潭，湖南局面因黃杰將軍的忠勇保鄉衛國，暫告穩定。

同年七月，江西匪軍分兩路進犯：劉伯誠部於八月二日陷遂川，十六日陷贛州，九月初竄入粵東，梅縣等地先後失守。九月十七日起，翁源、南雄、韶關、樂昌、曲江、英德、佛岡等地分別淪陷。十月十三日花縣陷，十五日廣州撤退。到十月底，粵東粵西各地先後放棄。

閩北匪軍陳毅部於同年八月間先後陷永泰、福州、晉江。政府任命湯恩伯將軍主持福建軍政，集中主力於廈門，九月二十日，匪軍分三路進犯，遭國軍痛擊，傷亡慘重。十月十七日，國軍自動放棄廈門，退守金門。二十五日匪軍進攻金門，傷亡二萬，被俘四萬，造成國軍空前勝利。十一月三日匪軍再攻舟山，傷亡五千，被俘二千，從此喪失犯臺能力。

以上係東南與西北淪陷的經過節錄。最後是西南放棄與政府遷臺。

宋人的殷鑑

三十八年十一月上旬，湘西匪軍沿湘黔路西犯，貴陽於十六日失陷，獨山、遵義、桐梓等處相繼陷落。粵東匪軍也分道侵入廣西，十一月二十二日桂林失陷，白崇禧總部轉移海口。這時有一事可大筆特書，即國軍主力由黃杰率領退入越南，當作專篇報導。

匪軍林彪部於同年十月下旬分陷涪陵、長壽，政府西遷成都辦公，重慶遂於三十日下午三時淪陷。十二月七日，政府遷設臺北。成都失陷在十二月二十六日，守軍胡宗南總部移西昌繼續作戰。十二月十日，雲南主席通電降匪。國軍李彌、余程萬部於十九日曾一度攻克昆明，及匪軍大批增援，於二十二日放棄。滇西亦告不守，李彌率部退到滇緬邊區。

三十九年一月初，匪軍沿川康公路竄擾西康，連陷雅安、康定等地，與國軍戰於會理一帶。三月初，國軍攻克康定，及匪軍大舉增援，於三月二十七日撤出西昌。同年底，匪軍侵入西藏。到四十年五月二十三日，藏方被迫與匪軍簽訂所謂「和平解放西藏辦法」十七條，於是匪軍張國華等部會師拉薩。西藏繼西康之後關於鐵幕之中了。

以上是我國整個版圖在民國三十七、八、九數年間變色的概況。關於國軍與匪軍戰鬥的史實以及所謂「和談」的進行情形，依其時間的發展，順序作簡要的記述，多引用並參考以下各書：李守孔先生的《中國現代史》、董顯光先生的《蔣總統傳》、李旭先生的《政治協商會議之檢討》、郭廷以先生的《近代中國史》等書。我把一部分資料好好的保存，只是幫助我們有一個比較清楚的記憶的輪廓，使我們下痛定思痛的決心，加強反攻復國的準備，早日還我山河，重振中華。

檢討這一段傷心的痛史，至少我個人有這樣肯定的看法：一向擁有新式裝備，數字龐大，而又士氣高昂的國軍，為什麼在與匪軍對峙上竟至節節失利呢？一向安居樂業，善良純厚，而又擁護政府的人民，為什麼一到剿匪戰事的最後關頭反而秩序大亂呢？原因很簡單，就是誤於「和談」，就是「和談」誤國。有了「和談」，前線的將士受到嚴重的影響，特別在心理上受到很深的刺激。打也不是，不打也不是。剛打得好，又停下來。剛停下來，又要打了。這樣的且打且和，且和且打，士氣自然會低落下來，士氣低落就不能打仗，以至越談和，越消沉，不打也就會崩潰了。「昔宋人議論未定，兵已渡河」，可為殷鑑。所謂「議論未定」，即主和嗎？主戰嗎？各執一端，不能決定。等到你還沒決定的時候，敵人已渡過黃河了。宋朝的覆轍顯明的擺在我們面前，而我們也因「議論未定」，敵人已渡過長江了。當秦檜等在朝廷堅主和議的時候，宋朝前線戰事紛紛失敗，惟有岳家軍孤軍挺進，在朱仙鎮大捷，可是有幾個名將能如岳飛？前方有幾個岳家軍不受後方與金酋議和的影響？今古的情形當然不同：第一、宋朝的主和不過是由於國內有幾個如秦檜等的當權奸黨，而我們的「和談」則是受了國際間的不斷壓迫，同時我們在朝大員對於和與戰的意見，極大部分是由於愛國愛黨的赤忱，沒有秦檜般的魔影，可能有極少數是見風轉舵的敗壞份子，在當時卻並不能影響全局。第二、宋朝是主和派抬頭，主戰派不團結，前方的將士拚命打仗，後方的當局拚命求和，這樣還打什麼仗？而我們則上自　領袖，中至在朝重要大員，下至全國人心，無不主張徹底消滅共匪，假使萬眾一心，精誠團結，不顧一切壓迫，排除所有困難，像對日抗戰一樣，堅持剿匪到底，對前線奮勇作戰，給以種種鼓勵，則大事猶有可為，未見不能挽回危局。宋朝有我們之短，無我們之長，雖退出建康，猶能成臨安偏安之局；我們有宋朝之長，無宋朝之短，何以一年之內，竟至使全部大陸淪陷？幸而　領袖英明，高瞻遠矚，得保留臺灣一塊復興基地，否則真不堪設想。總之，國軍當時如果乘好幾次掃蕩雄威，一直打下去，絕口不談和，則局面一定改觀。所以千言萬語，國軍慘敗，完全由於「和談」。又因前線節節失利，影響到政治、經濟、社會，後方秩序大亂，人心渙散而且離叛，終至不可收拾。

還有一個同等重大的因素，即　蔣總統的引退，以致群龍無首，舉國騷然。這更是一件值得深思而歎息痛恨的大事。看當時局勢，　總統一引退，即已決定敵我勝負的全盤形勢，不待後來渡江而匪軍在精神上早已渡江。我們靜心想想：　總統是一位偉大的革命領袖和民族救星，在救國建國的歷程上，都因有他的英勇明哲的領導才能轉危為安，化險為夷，越是在國家最危難的時候，他越能發揮其睿智與神勇，一一加以克服，這是大家都知道的，為什麼在剿匪戰事達到最激烈也就是成敗最後關鍵的時候，讓　總統翩然遠引？滿朝文武，盡是　總統一手提拔的人物，公忠報國，竭智報黨，為什麼不能在最艱危關頭，輔弼　領袖，力排邪說，一致擁護　領袖剿匪到底，以竟全功？按諸當時情形，　總統之引退，固然謙虛為懷，表示國事切望大家的努力，同時也昭示自己對國家始終負責任的態度，有如「引退文告」上所申明，但在實際上，仍是受了國際壓力的繼續干擾，以及極少數的政客如傅涇波、甘介侯等的播弄，雖然如此，難道當時負責的政府大員和高級同志就不能一致堅決挽留嗎？難道不知道　總統一引退隨之即無異宣示國脈中斷嗎？難道對幾個無聊的政客都不能對付嗎？本《春秋》責備賢者之義，深覺當時黨政最高幹部未能盡到應盡的責任，一旦　總統宣告引退之後，想補救也來不及了。就從　總統引退這時起，代總統職務的副總統才敢於公開大膽，加緊「和談」，百方遷就，靦顏媚敵，一子下錯則全局皆非，和議剛斷而匪已渡河。在這一段期間，還勞　總統以暫時在野之身，不忍坐視全國糜爛，每於緊急關頭，挺身而出，親自指示機宜，冒險犯難，視死如歸，這種偉大精神，尤令全民感動！例如三十八年四月二十二日在杭州召開軍事會議，同年八月十四日飛蒞重慶坐鎮，即其明證。假使當時沒有　總統引退這一波折，相信局勢必截然改觀，匪軍的猖狂必被阻止，最少亦不至於倉皇之間便斷送了天下。

富國島奇蹟（上）

就在上述　蔣總統引退的時候，中樞無主，湖南方面的程潛、陳明仁叛變，有一位忠勇衛國的將軍即黃杰（達雲），那時正擔任長沙綏署副主任兼陸軍第三訓練處處長及第五編練司令官，本來他是在戡亂剿匪軍事逆轉的態勢下，回湘組訓新軍的，想效法鄉先賢曾胡諸公辦團練的美意來平定共匪作亂，也幸虧有這一支湖南新軍，才能在當時萬方風雨、四面楚歌之中，使三湘局面，轉危為安，不久，黃杰將軍即調任湖南主席兼第一兵團司令官及湖南綏靖總司令，開府郃陽，撫輯流亡，此後即配合華中作戰序列，轉戰湘桂，喋血邊陲，不斷予匪以重創，本文前面也已說到。民國三十八年冬，黃杰率師轉進到桂越邊區，內外隔絕，為保存國軍實力，假道越南，並與法國方面簽訂協約，不料法方懾於共匪的恫嚇，拒絕履行條約，反而集中軟禁所有入越的大量國軍與難民，於是這一支精忠幹練的勁旅，羈困異邦，受盡辛苦，達三年半之久。起初駐在北圻的蒙陽，後來移到南圻的富國島，艱危交迫，飢餓相煎，受盡種種凌辱與壓迫，然而黃杰將軍不憂不懼，奔走折衝，忍垢含辛，再接再厲，開闢這一個荒島，生聚訓練，一如平時，到民國四十二年六月，才全師而還臺灣，這真是剿匪戡亂史上一段奇蹟，朝野譽為「海上蘇武」，信非過誇。

漢朝的民族英雄蘇武，不屈降於匈奴，匈奴把蘇武押往北海去充軍，對他作一個最冷酷而又最幽默的警告：「蘇武！你想回到你的漢朝嗎？嘿嘿，那一天公羊有奶子就可以了。」蘇武在這荒寒一片四無人煙的北海海濱牧著羊群，冰天雪地，忍飢耐苦，挖取一些野鼠和草實來吃。他在朔風怒號大雪紛飛中與死亡掙扎了十八年，永遠不離的撫弄手中所持那件象徵大漢的神聖的節，那枝節頂上的旄，都被他摸得光淨了。（詳見拙著：《中國民族英雄》）蘇武在匈奴的艱苦是這樣，我們再看看黃杰將軍及其所部在富國島的艱苦情形。要充分瞭解這情形，最好細閱黃杰將軍所著的《海外羈情》這本最值得一讀的書。

我們暫且不看達雲將軍的自述，也暫不聽中外記者的讚揚，只要恭讀我們的最高領袖　蔣總統的一封電報，就可以知道一個這一批忠勇幹練百折不撓的英雄和健兒們在一個異國蠻荒類似集中營的艱苦的生活輪廓。民國三十九年四月間，達雲將軍奉到了　總統的親電：「達雲司令官並轉駐越南我國軍各將士鈞鑒：君等轉戰我國西南大陸與共匪作生死搏鬥，予以重大打擊，並於戰略任務達成後退入越南，殊堪嘉尚。茲據報：君等在越南食物服裝醫藥等，均感缺乏，雖生活頗為困苦，而仍能保持原來建制，及各級指揮系統，並以木材樹皮，自行建築營房，充份表現我中華民國革命軍人之堅苦卓絕精神。中正聞之，至感欣慰。除已飭國防部外交部協同改善君等生活外，茲特派我國駐越南領事館人員代表中正前來慰問，以表微忱。目前反共抗俄戰爭已趨國際化，君等雖遠駐友邦，責任仍屬重大，將來報國殺敵，定有機緣，盼望各自為國珍重！」達雲將軍奉到這封電報，自說：「這封電報，真不啻從天而降。我的高興，是筆墨形容不出的。同時　領袖還替我們寄來了兩萬元美金，關懷愛護的德意，全體官兵都感動得流淚。」

樸實的記錄富國島羈棲生活的艱苦，在《海外羈情》這本書中可以說是字字珠璣，聲聲血淚。舉一個實例看：同書一百頁至一百零六頁所載的驚人的標題：「三萬人集體絕食！」，內容告訴了我們以失去了自由的無限痛苦和無限悲憤，不惜以集體絕食的最後方式來爭取偉大的自由，而又選定在聖誕節日舉行。「當自由世界人士正以愉快歡欣的心情，度其一年一度的聖誕佳節，而屬於自由世界的一角……竟有幾萬人為失去了寶貴的自由而忍痛絕食！」這幾句話是何等沉痛！

富國島奇蹟（下）

在富國島的艱苦生活，從三萬人集體絕食聲中表達出來了真實的內容，實證如次：衣：兩年來只發了一套襯衣。食：過去在國內，每人每天最少二十五兩主食，在富國島法方所發的還不到十六兩，至於主食，一週還不夠兩天吃。住：在越北，在富國島，都被囚在一片廢墟上。行：劃地為牢，更談不上什麼行動的自由。其他：如醫療，每天所發的藥品，經常不夠病患需要量的半數。這樣，活生生的要使國軍在這孤島上凍死、餓死、病死、困死！記載上說：「正午，整個營區看不到一縷炊煙。」又記載著：「在醫院裡，剛剛生下孩子的兩個母親，也拒絕進食。」儘管法方的大砲聲和飛機聲在平靜的局面上掀起了激動，儘管四架驅逐機和一架轟炸機飛凌營區上空俯衝示威達半小時之久，但威嚇不了爭自由、爭人類生存權利的決心和勇氣，全體忠勇的國軍將士毫不恐懼，毫不沮喪，而且向法方警告說：「要是兵艦與飛機還不撤走，群眾的示威行動，馬上就要繼續。」於是，法方只好把兵艦和飛機從速離開了，而且「知道我軍的精神不可侮，不久即改變其過去不近情理的行動，態度由野蠻而變為和藹，生活待遇也得到合理的解決。中華民國的傳統精神，跟著青天白日滿地紅的國旗，同時在外國人的土地上飛揚！」自由得到了最後的勝利。請看：法方逐漸兌現了改善營區生活的諾言：從民國四十一年三月份起，主副食的補給，在質與量上都比以前要好，每人每日計：大米七五〇格蘭姆，蔬菜三〇〇格蘭姆，肉類八〇格蘭姆，其他如茶葉、白糖、煙絲、火柴、肥皂等也都有供應了。

我們再看看黃達雲將軍們在荒島上怎樣用赤手空拳從事於營區的建設，這些都是克難運動中最輝煌的成果。第一管訓處在　總統華誕時完成建築的中山堂，高敞別緻，可容二千四百人，被稱為「世界第一大茅屋」，杜甫的「草堂」比起來太渺小了。這座龐大的中山堂是由第一管訓處官兵，不分晝夜，上山採木，下山割草，中柱的直徑大至五十公分，要百餘人才能扛回來，屋頂用有刺的檳榔樹葉，摺疊覆蓋，整齊美觀。全屋長六十公尺，高三十公尺，寬二十餘公尺，上有講演臺，下有大沙發，在這荒島上可算是一座「美奐美侖」的嶄新建築物，法國軍官們看到了，都咋舌，舉起大拇指來。

還有由營區通往陽東市區的惟一交通要道的陽東大橋，年久失修，橋長達七十公尺，也由國軍從新改造，橋墩比以前大一倍，分人行與車行兩道，從徵集材料到建築完成，為時不過兩月。至於其他建設如營房及公共設備等，幾乎應有盡有，全是由國軍的心力與勞力換來的。

黃達雲將軍在這種艱難辛苦的環境裡，率領全部官兵、軍眷、難民、學生等，度過了三年半淒涼的歲月，克服了一切的窮態、恥辱、困乏、恐怖和危險，終於光榮的全軍全部回到了祖國的復興基地的臺灣，這真是史無前例的一件奇蹟！也就在這樣環境裡，他還寫下了若干首新詩新詞，則由於他本是一位儒將，我最喜讀他在四十一年中秋節所填的那闋憶江南的〈沁園春〉詞：「海角淹留，把酒中天，氣爽高空。憶五洲湖畔，荷田影密，莫愁堤外，柳綿煙濃。大好江南，城郭縈迴明故宮。常無寐，聽鷄鳴古剎，斷續疏鐘。萍踪，如此倥傯。傷心處，關山幾萬重。任扶疏桂馥，香凝露井，嬋娟月滿，雲淡紗籠。莫記悲歡，且看圓缺，還我河山指顧中。青山在，待金陵秣馬，重醉秋風。」當達雲將軍初入越時，我也初抵香港，曾與通訊，志願追隨做一光榮的難民，可惜未能前往。當羈越全軍安然返國門時，我曾寄贈黃杰將軍一詩，以表欣敬，刊在我的詩集裡，詩如次：「絕域孤城血淚痕，頭顱真不負軒轅。冰天持節同蘇武，銅柱銘勛憶馬援。時以高歌排積憤，獨揮大纛召新魂。飄然一掠雲中雁，三萬貔貅入國門。」

渡江與守江

關於「和談」與「渡江」兩大部分的新聞資料，前者記述很詳細的是羅敦偉先生所著的《五十年回憶錄》，從第三十二章到四十章，以長篇幅存真相，所以我不打算重說這一課題，可能也附說一點，不過敦偉所寫各節，有的地方似乎需要略加補充，例如寫到當時行政院秘書長黃少谷的報告經過，說報告得「相當」透澈，「相當」二字應改為「極為」，據我所知，確是極為透澈；緊接下面應該加上幾句話：「他雖沒有作結論，但任何人在聽了他的報告之後，除非心甘情願向敵人無條件投降，否則只有立即主張完全拒絕敵方所提條件之一途。」這樣語氣更為充實而有力。但這不過是一點文辭上的商榷，無礙於原著之為信史。因此，我在這裡打算把敦偉所簡寫的「渡江」一部分較為詳寫。隨後，再就我所知的在版圖變色前後的一些珍聞秘笈，寫出一部分，不必作野史看，已成雲煙，作為茶餘酒後的清談而已，也許可供一點參考和借鏡。這一束零篇斷簡，範圍很廣，包括我軍也包括敵軍，包括我們中國人也包括外國人，包括大事也包括小事，包括戎馬干戈也包括風花雪月，筆者作如是觀寫，讀者作如是觀讀，可也。

我開始寫匪軍的渡江問題。

小時候讀古文，讀到多爾袞〈與史可法書〉，其中有兩句警句：「昔宋人議論未定，兵已渡河，可為殷鑑。」正當一片「和談」聲中，共匪已積極作渡江準備，而且一步一步迫近長江之濱了。而我政府諸大員，尚主和主戰，紛紛不一，果然議論未定而匪軍已渡江，渡江之後，版圖遂完全變色。按匪軍渡江確有其一套極機密的計劃與極精確的佈署，至今知者仍少，這是因為他們之得以渡江，並非完全實踐他們的計劃和佈署，而是策動了內變的響應，遂收事半功倍的奇效。江陰砲臺之易幟與荻港守軍之倒戈，即不啻將長江天塹夷為平地矣。

當時各方對匪軍渡江問題，均有深切的注意。有一權威觀察家，認為匪軍渡江的地方大概總要根據下面幾個原則：一、要根據匪軍的兵力部署和戰術、戰器的運用。二、要避實就虛，揀江防某一處有弱點，即進攻某處。三、要揀江面較狹的地方。第一點完全要看匪軍自己的便利，不但要根據長江一部的戰時形勢，而且要參照整個戰局的形勢，估計自己的實力，何處宜攻，何處不宜攻，這和整個戰局尤其和鄰近長江沿線的戰局有關。第二點要看國軍沿江江防各個據點的實力如何，那一點落空，那一點就有被攻破的可能。第三點比較具體而固定，然而也不是一成不變的。這一點很有被第二點代替的可能，因為江面較容易渡過的地方，守的人必更用力守、注意守，而聰明的敵人也就不一定攻了。

從整個江防來說，陳孔範的「長江天塹」的話是不無理由的。長江是中國第一條大水，綿延東西，橫界南北，未始不是自然的一條「鴻溝」，雖說「守江必先守淮」，但即棄淮而就江言江，仍然有險可守。所難者就是這條水太長，究竟怎樣守？卻亦不易。關於守長江的問題，有兩種看法：一是認為長江漫長無際，常有顧此失彼之虞，可是近代的戰爭工具遠異古時，單憑這浩瀚的江是不一定可靠的。另外一種說法：長江雖長，要害也不過那麼幾處，只要把這幾處好好控制，則一切自無問題。在歷史上，例如吳紀陟聘魏，魏文帝曾問吳戍備幾何？紀陟說：「西陵至江都五千七百里。」魏文帝說：「道里甚遠，難為固守。」紀對曰：「疆界雖遠而險要必爭之地不過數四，猶人有六尺之軀，其護風寒，亦數處耳。」這一種江防論是側重要點扼守的。

當時匪軍是側重那一面渡江呢？為了津浦線南段國軍節節失利，浦鎮已受到威脅，要直接攻取南京，自然可以從浦口渡江，然而匪軍為了避實就虛，並不會向南京正面壓迫，在南京北面的匪軍為數並不多。

綜合的觀察

綜長江沿岸顯得最緊張而可稱江防要害的，是東起南通、西迄全椒之線。這一帶的匪軍究有多少呢？全都是陳毅的部隊。較東一帶的匪軍，南通到泰興有匪軍長江支隊以及第十一、十二兩個縱隊。再西一點天長、六合地區的匪軍，有第二、第三、及湖南、快速、等幾個縱隊。安徽全椒之線則有一、四、七、十三幾個縱隊。自從國軍三十八年一月二十八日撤離如皋，二月二日撤離南通後，匪軍就日日作渡江的準備，同時更大部在江淮地區整編。

再西望過去，武漢地區的渡江計劃也未始不是匪軍的一個想頭。武漢一下，不但是長江可渡，而且南可以窺廣州，東可以窺南京，所謂取建瓴之勢，據上游以爭下游，與淮南一帶及長江北岸的匪軍兵力，更可以取得夾擊的妙用。所以前此有一時期，盛傳林彪匪部南下之說，劉匪伯誠的一、二、四、九、十、五個縱隊，會同張禮學、王樹聲、羅厚福等匪部，於前一個時期分攻潢川、光山，用意也無非是威脅武漢北面的屏風信陽，進而配合孔從周匪部包圍武漢的姿態。然而自從一度緊張之後，局面又相當穩定下來。要說共匪在短時期從武漢渡江，還不可能。其餘如九江、安慶、蕪湖、采石、湖口等處，原是明太祖及曾國藩等先後用兵之地，顧祖禹的《讀史方輿紀要》把這些地方列為江防的要隘，采石尤為歷史上渡江的要津，然而今昔異勢。根據上面所說的第一個原則，匪軍渡江的趨向，有一個時期似乎在側重南京以東的一段，即長江的較下游。這是有原因的。因為單單渡了江，並不見得就有多大意義，必須還能進脅首都，或更有其他的作用，所以就必須離南京不太遠，而一渡江後，又有便利的交通線可把握。攻武漢雖也有鐵路可以把握，然而由武漢渡江不如由安慶蕪湖的直脅京畿。但如果再把安慶蕪湖渡江和南京以東一線渡江一比的話，則由安慶蕪湖又不如由南京以東。因為由南京以東渡江除了直脅京畿以外，匪軍還具備兩個利益：一可以控制中國的第一條鐵路京滬線，另一方面切斷了京滬線以後，無論是由蘇嘉路南下，輕輕的繞過了上海，成一個大弧形，進窺杭州，或者是直迫中國的惟一經濟中心的上海，再同時西脅南京，左顧右盼，都更比在安徽、江西、湖北渡江為好。

假定這一個判斷有幾分理由的話，便可以第二步來研究南京迤東的江面，匪軍是在那一個地方渡江可能性最大？南京迤東的江面利於渡江的地方，大概說來，是龍潭、鎮江、江陰數處。江陰以下江面便寬闊了。龍潭本來是險要之地，在國民革命軍北伐時期孫傳芳曾從這裡偷渡過的，果真與扼有天長，六合的據點比，則從這裡渡江也非不可能。因為得了龍潭，就可以近拊南京之背，但若根據前面說的第一點及第三點原則說來，就匪軍部署之便以及擇江面較狹的原則，則由儀徵而南迫鎮江似乎更便利。由江北南渡取道鎮江的這一個原則，古代的史例到今日還並沒有全廢，劉裕由廣陵南出京口、陳霸先由丹徒濟江圍廣陵，都說明鎮揚之間的軍事形勢，由江都儀徵而南下鎮江有其可能性。何況鎮江的一段江面，沙洲縱橫，更有一段江面如鮎魚套等處，在全江江面中是最狹的，所以鎮江在全面江防中無疑是重要的一環。其餘如江陰、靖江，渡過江除能截斷京滬線外，更可南向控制蘇嘉路，自然也有它的優點。匪軍有一個時期確有暗渡江陰的企圖。總之，匪軍渡江不外急進與緩進，急進是由南京以東的江面，緩進是由南京以西的江面。果然，匪軍兼採這兩條渡江的路線；西路匪軍自蕪湖、荻港南犯，東路匪軍由江陰南犯。

以上所論，是當匪軍揚言即將進犯長江時，一部分憂國的人士對於這個嚴重而緊急的問題的綜合的觀察，實際上與後來匪軍本身的渡江計劃很多相合之處，自然也有不符之處。

國軍兵力強

現在根據一部分徵信的資料，記述當年共匪積極準備渡江南犯的情形：匪軍於民國三十八年二月間在中原某地召開了一次極秘密的軍事會議，就渡江南犯行動擬定了一個初步計劃，大略是：一、陳毅在安慶以下一段渡江，著重蕪湖、鎮江兩點，攻佔京滬後，直下杭州。二、陳賡率領西下兵團，從沙市、宜昌過江，然後向粵漢路迂迴。三、匪軍中央兵團則以林彪為主力，於擊潰武漢外圍的國軍後，沿粵漢路南指長沙，與西線的陳賡取得聯絡，再行截斷浙贛路，西窺九江，並與攻杭州的陳毅部相互呼應。

匪軍就依據這個軍事計劃，作渡江南犯之積極準備。據同年三月中旬的秘訊：一、陳賡的三四兩兵團由新蔡南下，三兵團已到達潢川、商城、固始，約有三萬餘人；四兵團一萬餘人，業已進抵光山、息縣、羅山等地。（那時進佔羅山的匪軍二千人，因紅槍會的反攻而退出城外。）二、陳毅的四個兵團，陳兵長江北岸，大量徵集糧食民伕，製造木船，修築公路，積極準備渡江。三、林彪部約五六個軍，人數在十萬以上，已到達徐州附近，抵徐州的林部約為該部入關者三分之一，其中一部有西進轉往平漢路模樣。四、劉伯誠部現集中於中原地區，主力在豫南鄂東，這支部隊是預備配合林彪南下部隊攻奪武漢的。綜計匪軍在長江北岸的兵力，以陳毅為主力的約有十六個縱隊（一個縱隊為二萬五千人，那時共匪已改稱為軍）。劉伯誠部十六個縱隊，陳賡部隊及皖北地區孫傳嘉、魏鳳樓，襄樊地區孔從周部，共約五萬餘人，再加上南下的林彪部十萬人，共擁有百萬的龐大數字。

再就國軍當時兵力的分配及國軍當局對共匪渡江的判斷說：一、長江上游，山高嶺峻，江流湍急，四川濱江地帶，尚不致為匪軍染指。二、長江中游，沙宜以下，安慶以上，雖有江漢地區可以做匪軍渡江的跳板，但因國軍在這一帶佈有重兵數十萬，如匪軍在此渡江，必遭致一場惡戰。三、因此，判斷匪軍最可能選擇安慶以下這一段江面，即是大家所注視的長江下游，最可能的地點是江都和荻港。長江下游這條線，自江西湖口蜿蜒而下，止於上海的吳淞口，全長八百公里，有號稱七十萬大軍的湯恩伯部隊負保衛之責。其重點是在常州、鎮江、丹陽區間，由這一地區伸展出來的主力雙翼，東達上海，西至蕪湖，再向上則係點線防禦了。當時國軍尚擁有二百萬左右的兵力，分佈在湘鄂浙閩贛川黔滇陝甘寧青新各省的約一百餘萬人，實際可以擔任江防任務及參加戰鬥的約一百餘萬人，與匪軍渡江的兵量不相上下。國軍再加上有數十艘的艦艇日夜巡邏長江下游，協助陸軍以應付共匪渡江的任何企圖。還有一部分空軍也不斷的偵察巡邏著。以這樣的陸海空軍密切配合，兵力是決不弱於共匪的，反而比共匪強大。但因搞「和談」的影響，士氣不振，民心渙散，雖有堅甲利兵，徒喚奈何而已。

共匪的渡江戰略可分為軍事的政治的兩種，即所謂「軍事渡江」和「政治渡江」。在軍事方面：匪軍決定在渡江以前不但要配置充足的兵力作渡江大戰，並且決定具備渡江以後的殲滅戰的實力，與京滬杭及武漢兩大地區的國軍展開主力的決戰。因此，匪軍的戰略上部署是：一、主力部隊與快速部隊的部署必須配合上列的戰略要求。二、大兵團的渡江作戰，在後勤工作上與前線的政治工作上必須有充分準備。三、河南的游擊隊的加強與配合。在政治方面：盡量利用政治的攻勢與宣傳的攻勢來搖動江南的士氣與民心，以圖達到「北平式的和平」為上策，不戰而使國軍投降。所以匪軍政治渡江的計劃，主要的有下列各點：一、挑撥離間國民政府諸首腦，使其自行分離攜貳，撤散其團結。二、利用政府在政治、經濟、軍事上各種弱點來加強政府陣營間的混亂。三、策動政府轄區地方人士進行所謂「局部和平」。四、密佈間諜以為內應。五、鼓動社會名流及文化人士北上。

匪渡江工具

在渡江的戰術上，匪軍積極準備的是：一、渡口的選擇。二、渡江工具的徵集、製造和分配。三、對國軍防禦力的偵察，特別是對國軍海空軍的防禦方法。四、渡江以後灘頭陣地的建立和攻勢行動的展開。五、渡江動作時的一切戰術與戰鬥時的計劃。就中關於渡江地點的選擇，匪軍定下了幾個原則：一、選擇不距離國軍集中地區太遠的地方，以便發揮機動性取得迅速的戰果。二、選擇可以迅速控制國軍的交通線的地方，以截斷國軍運輸的便利。三、選擇國軍防禦力較薄弱而阻力較小的地方，以便一鼓而摧毀一切障礙。四、選擇可以迅速而確實的建立渡江後灘頭陣地與前進據點的地方，以支持繼續作戰。五、同時用大規模渡江與滲透渡江兩種方式，以萬馬奔騰萬弩齊發的態勢盡量向可能渡的渡口廣泛渡江。

匪軍的渡江技術，有一套計劃，其渡江的序列分三批：四十五歲至六十歲的男子編為第一隊，四十五歲以下至三十五歲以上的男子編為第二隊，三十五歲以下的男子編為第三隊。第一隊人員攜稻草偷渡，在小船上載滿硫磺、茅草等燃燒物，順流而下織成一片火網。第二隊人員則接著一批木排，或用草排代替，排上集結民兵，各持手榴彈二枚。第三隊人員也攜帶手榴彈及其他武器，最後才是正規匪軍和船艇。另有一種說法：第一線以木筏滿載壯丁，仍用「人海戰術」。第二線則在木筏或草筏上紮滿草人，以擾亂國軍視線，消耗國軍彈藥，套孔明「草船借箭」故事。第三線則滿載正規匪軍。至於渡江時間則盡量利用黑夜或拂曉。

匪軍為了訓練渡江的戰術和技術，在蘇北的邵伯湖中大事訓練操舟，檢閱速成班訓練成的水師水鬼。當時邵伯湖上一片帆檣，來往如雲，旗幟飄飛，刁斗頻聞，入夜燈光閃鑠，號令之聲，不絕於耳。民伕擔架隊，不斷徵集，人民敢怒而不敢言。由擔架隊把軍火彈藥搬上這湖中一帶停泊的船隻上的也不在少數，呵海呵海之聲，往往連成一長串的隊伍。即此一處，已可見匪軍準備渡江之急。

陸戰靠車馬，水戰靠船隻，匪軍渡江的工具，前已略述。匪軍自佔領蘇北後，早就有渡江的陰謀，表面是前線無戰事，實際上時時在忙著造船製筏。有一個時期，匪軍僅在江北徵集的船隻就已達到一萬二千六百餘艘，麕集高郵邵伯湖中。此外天生港復有五百艘。這許多船都是帆船，也有一部分是改裝的汽艇。所謂改裝，是匪軍在各家大小工廠裡強徵的馬達，另外一部分是用拆卸的汽車引擎。有些規模大一點的機器碾米廠，因馬達被匪軍徵用，只好關門大吉，恨入骨髓，有的則改用人工碾米。

除大量船隻外，還有一種玲瓏小巧的小型橡皮艇。橡皮艇浮水不沉，駛行極速，原是水戰利器。

匪軍原擁有橡皮艇一部分，但為數不多，是由魯南一帶運來，是當年日本軍隊留下而被國軍接收下來的敵偽物資，匪軍佔領魯南一帶後，便把這批橡皮艇運到蘇北。匪軍除利用橡皮艇為渡江利器外，又想到水中攻擊必需種種武器，如魚雷水雷之類，而這些東西，匪軍本身上是沒有的，又無法改造，於是法外設法，從東北等地找到了許多「漂雷」，準備等到渡江時配合著橡皮艇和馬達改裝的汽船，進攻國軍時予以施放。

最奇妙的是在船隻以外製造了大批木筏和竹筏。有一個匪軍政治指導員想出一條辦法來，用草編筏，以補木筏竹筏之不足。好在高郵寶應一帶多的是稻草，經過匪軍挨家逐戶三令五申巧取豪奪，一保一甲硬派多少稻草和多少人工，不消多時，已完成了一批草筏。這個匪軍政治指導員姓黃，年紀還不過二十三四歲，有一天他到一個鄉村指導所謂「人民大會」，看見幾個頑皮的小孩子，用了幾個破蒲團飄流在塘裡玩，上面放一個玩意兒的「小寶寶」，姓黃的靈機一閃！草編的東西不是一樣可以渡人嗎？於是向上面獻計，得蒙嘉納，並予重獎。

記江陰叛變

還有一種傳說，也可能使人相信。匪軍曾嚴令蘇北老百姓（可憐那時蘇北人民呻吟在共匪暴政之下而無可如何）多多預備「巴斗」（即盛米或五穀的一種圓形容器），起初老百姓莫明其妙，後來消息漸漸傳開，才曉得這些「巴斗」也是準備仿效孔明「草船借箭」之用的。古今情勢不同：孔明為著要消耗曹操的箭，便不得不用草鋪船。而匪軍卻想利用「巴斗」，偽裝士兵，叫國軍疑神疑鬼的把「巴斗」當做「人」，大放其槍砲，來消耗國軍的子彈，也虧共匪想得出。你試想想：一個圓圓滾滾的東西，而且在水裡邊還一浮一沉的不是活像人泅水偷渡嗎？

除了上述的水上準備外，在陸上的準備有三件事也可以看出匪軍渡江的積極行動：一、交通路線：強迫大量民工，修整以江都為中心的公路，江都到泰縣、泰興、如皐、東臺、鹽城、淮安、高郵、寶應等處的公路線已暢通無阻，而自江都向西發展直達六合以及皖境天長，來安等縣的公路也修整工竣。在皖境的合浦公路，合裕公路與巢和公路，都已補修橋樑。從和州迤東到蒲口及從裕溪口到無為的東西兩段公路也已搶修完成。二、糧食補給：江北匪軍集中既有百萬以上，糧食問題迄無法解決，徐州會戰結束後，匪軍所以不能長驅直入，就是為了缺糧。但自林彪部南下之際，華北東北的糧食就已大量南遷，到四月十日左右已完成原定計劃。三、部隊調整：直接威脅京滬的匪軍是陳兵長江蘇皖境北岸濱江地帶的陳毅所部十九個縱隊，兩個月來，風雨無阻的緩緩在江北冬季泥沼中推進而下注於靖江及無為、和縣等地，在二月底已整補完畢，向南移動。此外，匪軍第十兵團許世友的司令部已經調往淮陰，其九、十、十一、十二，四個縱隊都已經證實在蘇北。而在長江下游的調兵遣將，更是忙碌不堪。

匪軍準備一切完成後，原定在江都（俗稱揚州）、江陰、荻港三處渡江的。匪軍選定這三處渡江是有他們的理由的：從江都渡江是趁春水尚未泛濫之時，江面較狹，易於滲透，而且一過來就是渡江，可以馬上掩護龍潭，切斷京滬。再則共匪在這茅山區所孕育的軍事政治資本，由來已久，可收配合之效。荻港江道雖較鎮江為寬，可是北有無為，南有涇縣，共匪歷年累積的資本，比較充實，易於承接呼應，幸而渡過，則可從斜刺裡囊括了京滬杭，更可能還有輕舟來自海上，登陸浙東，與天目山區的土共配合，其收穫當較從鎮江對岸渡江者尤強。共匪原定軍事渡江和政治渡江計劃雙管齊下，嗣因鑒於國軍在鎮江一帶所配置的防禦力量相當堅強，乃一邊加強軍事渡江實力，一邊發揮政治渡江作用，避開從江都渡江原定計劃，而策動江陰和荻港守軍的叛變，於是極順利的便渡過江來，威脅了南京，進迫上海，遂使歷史上不能飛渡的長江天塹，不投鞭也斷流了。

江陰要塞的叛變，突漲了匪軍渡江的聲勢，此舉關係頗為重大。三十八年四月二十二日江陰要塞繼荻港守軍投匪的消息傳出後，國軍防守長江的保衛戰便面臨嚴重的考驗。匪軍企圖自江陰切斷京滬交通，封鎖長江，使南京的大部國軍、政府機關和長江艦隊，在包圍下一網打盡，陰謀毒辣已極。衛戍京滬的湯恩伯將軍，曾下令限幾小時收回這兩個缺口，於是有大批的部隊向上述兩地馳援，可惜一切終歸無效。

四月二十一日晚，江陰以北匪軍開始猛烈砲擊。江陰要塞的大砲，從江南飛到江北，有些落在撤退中的陸軍二十一軍部隊上空，開花爆裂，殺傷人馬。江北匪軍的砲火，更為激烈，有時用一五〇口徑的大砲，向國軍的海軍及撤退過江的陸軍，肆行轟擊。

我海軍忠勇

這時，協防江陰的海軍逸仙號及信陽號，在宋長志中校指揮下，徹夜轟擊渡江匪軍，同時支援江北國軍以及陸軍二十一軍的南撤。江陰要塞的大砲，繼續對江北匪軍射擊，還有照明彈浮在長江上空。

四月二十二日剛天亮，江北匪軍用密集砲火攻擊我海軍，企圖掩護大部隊渡江。這時要塞砲口忽然掉頭對準海軍，宋長志中校指揮的兩艘中型戰艦，立刻受到監視。這真是出於海軍人員意料之外，而在這樣一種驚奇的突變下，必須沉著應變。八點十五分，逸仙軍艦上響起一陣電話鈴，乃是要塞總臺長打給宋艦長的。在這個電話裡，通知宋艦長一個突變的噩耗：要塞業已「解放」！江陰砲臺官兵均已「起義」！而且詐稱鎮江有某某幾艘軍艦都「起義」了！最後要宋艦長掛白旗，派代表，並限兩小時內完成。宋長志中校馬上極鎮靜的召集機密會議，會議結果，決定為了避免一切損壞，表面上偽裝投降，但應盡量拉長時間，準備到下午七時以後，向下游衝出去。如果叛徒或共匪上船，不管人數多少，把他們一齊解決。通信兵用燈語把指揮官的決定告訴了信陽號。

到了下午四點半，宋艦長還沒有履行諾言，總臺長又來電話催迫，限他馬上「投降」，否則開砲射擊，江陰要塞有大小砲三十餘門，加上江北匪軍的砲兵對軍艦的封鎖，如果遭受夾攻，其結果將不堪設想，為了支延時間，達到突圍目的，宋艦長下令掛上白旗，並答應派副艦長為接洽「投降」代表。

天漸漸黑了，氣候突然轉變，烏雲密佈，接著一陣細雨，江上泛起濃霧，洽降代表還沒有派出，叛徒和匪軍也還沒有上艦，要塞叛軍令逸仙等艦移向南岸山麓拋錨，以防逃逸。時機已達成熟階段，宋艦長牢牢的把握這一個緊要關頭，一聲令下，逸仙艦便開足馬力，向長江下流疾駛，信陽號走在前面。江陰要塞以及南北兩岸的匪軍大砲一齊向這兩艘鷹揚兔脫般的軍艦猛轟，達千餘發之多，大霧迷住了砲手的眼睛，終於這兩艘忠勇奮進的軍艦逃脫了虎口，結束那個極度驚險的場面。

逸仙、信陽兩艦偽裝投降，發生了很大的作用，它延緩了匪軍迅速切斷京滬線的計劃，救出了一大部分轉進的國軍和從南京逃難到上海的龐大的人群。

以前的逸仙艦長宋長志中校，現居臺北，榮任海軍副總司令。信陽艦長白樹綿中校，現已晉升少將，也在臺北。他們真是生死患難之交，如果想起二十年前在江陰最驚險的一幕，當恍如隔世。

（按：宋長志副總司令現已晉升為總司令。）

最使人感動的是：當逸仙、信陽二艦突圍前曾發出一道悲壯的電報，略云：「職艦約於養咸外衝，成敗利鈍，在所不計，倘全體犧牲，兩艦官兵眷屬，乞賜垂憐。臨電不勝悲憤慷慨之至！職宋長志、白樹綿同叩。卯養證印。」成功後，海軍總司令桂永清曾特電嘉勉：「一、卯養證等電均悉。二、該艦長此次督率全體官兵冒敵砲火，突出重圍，忠勇奮發，至堪嘉許！三、特電慰勉，並希轉勉全體官兵，益加淬勵。」

《春秋》明忠奸之辨，寓褒貶之義。像上面所舉海軍艦長暨兩艦全體官兵，臨危應變，化險為夷，忠勇雙全，雍容鎮定，實在值得表揚；反之，像江陰要塞司令戴戎光之類，身受國家重恩，地扼長江險要，時當匪軍進犯，竟至首先叛變，以致東南糜爛，這是亂臣賊子，人人皆得而誅之！

匪軍在江陰與蕪湖的渡江陰謀，事後國人才知道，當日大家雖然非常耽心這些事，可是誰也沒有料到江陰砲臺會首先出毛病，而且在叛變的一幕裡竟雜有桃色糾紛在內。有一段離奇曲折的羅曼史，不但當時和事後很少人知道，就是到今天也遺留下來一個啞謎。原來江陰要塞司令戴戎光有一個族侄任要塞司令部辦公廳主任，有一個女打字員生得很美，表面上很文靜，實際上就是匪諜。那個族侄用種種手法與該女接近，進而同居。後來時局一天天緊張，江陰要塞的地位也更加重要，於是有澄錫武三縣聯防處的成立，裝備這三個重鎮，輔翼這座長江天險的要塞。那個族侄遂由辦公廳主任兼任三縣聯防處主任，身兼兩要職，炫赫一時，共匪方面的余濟民是那個族侄的同學，因此派了另一個同學蒯兼三前來勸降，正在商談之際，那個女打字員忽然表明身分，原來她就是共匪的間諜。那個身兼兩要職的「主任」，遂接受了「投降的命令」。再進一步，匪方命令他誘降戴戎光，當時司令部的實權操在這個「小戴」手裡，戴戎光為人既懦弱，又貪財，也就決定跟隨侄兒投降了。於是這座長江天塹，即由兩戴勾結，以一百根金條出賣了。周匪恩來當然完全清楚這件事，已經利用「和談」這件外衣，完成了「金條渡江」的準備工作，只待「和談」一聲決裂，匪軍馬上即可渡江。政府方面也有相當警覺，不過警覺太不夠，當日在江陰砲臺附近，另外也佈置了重兵，所以後來到「和談」決裂，匪軍的江陰渡江的時候，還是遭遇了強硬的抵抗。可是正在國軍沉著應戰的當兒，忽然看見江陰要塞的砲位轉過方向，而且竟向長江南岸的國軍，開砲轟擊。國軍只好向江陰要塞進攻，戴戎光這時恐懼萬分，倉皇中跑出砲臺，企圖逃命，在軍馬紛亂之中，天網恢恢，死於亂槍之下；卻一時便宜了那個逆侄，混亂裡逃命走了，聽說後來也不得善終，可見叛變的代名詞就是墳墓。

平津變色記

提起傅作義（宜生）這個人，在對日抗戰時期確還有些表現，我和他素不相識，但他卻派來一位高級軍官南下，特別請我替他的軍隊寫一首雄壯的軍歌，我看他在北方同日寇拚命，打得很好，就答應了，還寫了幾首戰歌鼓勵他作戰，寓嘉勉之意，想不到他後來竟和共匪在華北搞所謂「局部和平」，平津易幟，整個華北就完了。

當林彪匪軍於民國三十七年十一月入關之初，傅作義曾召集他的高級親信幹部，所謂「智囊團」，在北平西郊召開了一個秘密會議，討論林匪入關以後的當時情勢，並決定應付的策略。在這會議裡，他曾詢問某參謀，某參謀坦率的說：「如果匪軍只是聶榮臻在平津的竄擾，再加上李運昌、詹大南等冀察邊區的土共，甚至連綏遠方面的賀龍等也包括在內，本部的兵力如指揮靈活，是可以應付的，但是如果林彪的力量再壓迫入關，那就不易撐持了。」言下之意，頗有諷諫傅宜生退保綏察相機出擊。

傅為人剛愎而好勝，不以上話為然。尤其使他感幻滅的，就是苦處綏察十餘年，一旦登臨高峰，綜管華北，軍符在握，平津的繁富，故都皇宮的誘惑，比諸以前偈促，直猶珍饈之於糟糠；且當時國內形勢，正當東北失利與徐蚌會戰之後，傅在華北動態，舉足輕重。中央及全國輿論，對他期許甚高，正因如此，傅頗有「將在外君命有所不受」的氣概，甚至於有「彼可取而代也」的野心。他便在這樣一個錯誤的觀點上決定了應付當時情勢的所謂上中下三策。

所謂上策，即是通款共匪，利誘林彪，甘願避過讓匪部南下，既不阻撓，亦不尾擊，自己擁兵華北，暫不與任何一方面爭鋒，坐觀風色，決定動向。所謂中策，則是如果共匪不允通款時，則力保平津，迫使林彪在無法取得平津時，不得不丟開華北而南下。至於所謂下策，則是於萬不得已時，退保綏察，徐圖以待時機。但是決策儘管決策，等到林匪進關以後，主力尚未接觸，傅便下令撤守唐山，而將他自己的嫡系部隊，卻佈置在平綏路上，準備於萬一時接應逃命。唐山是平津的門戶，唐山撤守，平津大門洞開。當時一般人以為撤得太離奇，不知這正是傅作義藉以實現他的「上策的美夢」罷了。在他的算盤中，不但唐山可以讓開，甚至於必要時還準備撤退塘沽，讓林匪好沿海道南下。所以放棄唐山便是傅已與匪勾結的明證。但共匪比傅更厲害，知道傅的嫡系部隊擺在平綏路上，所以林匪進關以後，盤旋平津之間很久，卻並沒有發生主力戰，竟先繞過北平之背，直衝平綏線，消滅傅之主力。「新保安」一戰，林聶兩匪部傾全力作孤注一擲，採以大吃小的攻勢，將傅曾經親率的三十五軍，連軍長郭景雲都陣亡在戰壕裡。其他如暫三軍、一〇四軍等都已損傷殆盡。這一著，實出乎傅意外。張家口陷落，平綏路隔斷，連最下策的歸路，都沒有希望了。怎麼辦呢？

在這時傅作義如能回心轉意，懸崖勒馬，平綏路嫡系主力雖被打垮了，但當時國軍將領如李文、石覺諸人所部兵團，雲集北平仍不下二十餘萬人，石覺將軍所部尤精銳，補給未缺。天津方面，林偉儔、陳長捷所指揮的國軍和保安隊，打得也都不壞。力保平津，仍然大有可為。縱然一旦被匪軍攻破，但國軍二十餘萬採取守勢，以匪軍一向採用所謂「人海戰術」來說，城破之日至少也要消耗匪軍四五十萬兵力。在戰力的對比上說，就是打了敗仗，而匪軍的消耗也不是一時容易補充的，更遑論短期內渡江南下京滬呢？但傅作義並不這樣想，一心只想個人的投機。數十萬大軍，幾省民命，也就跟著他完了。

傅宜生這個人，在過去一段時期，人家看他是賭局，他本身是騙局。他在北平和共匪簽了所謂「局部和平」的條約後，足足被軟禁了七個月。在這些靜居的日子裡，他常常自言自語的罵著：「傅作義混蛋！傅作義混蛋！」而且自己打自己的嘴巴。但不久，他的妻子便由重慶經香港而到了北平。他自己忽然又到了包頭一次。

又大哭一場

傅作義為什麼又到包頭一次呢?這裡面有一段內幕的珍聞。八月初,在名義上還奉中央為正朔的綏遠省主席董其武,忽然給行政院一道通電,說共匪向他提出四個條件:一、要他接受共匪的政工人員到他的部隊裡去,二、要他應允共匪購買綏遠的餘糧,三、開放交通,四、將中央軍改為「人民解放軍」。董在電文裡說可以採納其中兩條,但沒有說明那兩條。行政院的復電,命令董其武一概拒絕,同時並發表董其武為西北軍政副長官,以安其心。

隨後,董再電中央,稱已遵辦,未曾接納匪方條件,而且表示:他在未奉政院指示前,已經這樣措施了。可是事實上,董其武一面敷衍中央,一面暗放匪方政工人員一百餘名到他所轄的部隊裡,但是不久又把匪幹的大頭目秘密幹掉了。共匪的次要及小政工人員大起恐慌,潛逃回去。匪方聞訊,就派代表向董嚴重交涉,責難董背約失信,董推說不知,保證在查明後嚴厲處理,就這樣拖下去了。

匪方見到董其武的推諉拖延,壓力更為增加。逼到後來,董其武說:綏遠的事,並不是那麼簡單,假如要解決綏遠的問題,需要傅先生(指傅作義)來一趟,才可以徹底解決。

為了這一問題的提出，共匪曾傷了一陣腦筋，幾經商討，最後決定叫傅作義去綏遠。臨行，匪方還給傅來一個盛大的歡送會，並且派隊護送，實際上是監視。過張家口，又受到一次大歡迎。一直到了包頭，傅看見綏遠的父老和老百姓，據說流了不少的眼淚。到了歸綏，見著董其武和傅部下時，又大哭一場。隔幾天，傅一人坐汽車潛入包頭。包頭是傅作義以前駐紮北平、張家口一帶的有力幹部劉壽山、鄂友三、孫蘭峯等從北平、張家口撤出來的勢力範圍。那時，傅作義的幹部形成了兩個壁壘。那些無聊政客不必提，單就實力派說：當時形成為歸綏和包頭兩系。在歸綏的董其武等，被包頭的劉、鄂、孫輩認為是親匪的一派。

歸綏是董其武未曾動過的保得略為完整的一份實力，長期雄鎮西陲。包頭則是自北平和張家口突圍集攏來的一批還很雄厚的被認為「地方武力」的一派巨流，也壁壘堅強，旗幟鮮明的屯駐在那裡。傅作義到包頭後，便集合舊部訓話，一站到司令臺，竟泣不成聲，頻頻揮淚的說：「我們對國家是一個大罪人，我們應該勵精圖治，嚴加整訓，將功贖罪，報效國家！」這些話是極其含糊的，是不是傅宜生到了這步田地才開始有著悔心？就很難說了。那時，中央曾經派徐永昌帶著　蔣總裁和閻院長的親函飛到青海西寧，徐永昌又派親信賚函當面致傅，說要親到包頭來見面，卻被傅作義拒絕了，只說自己是個有罪之人，無面目跟人相見。傅作義回北平後，包綏就隨之而變色。

傅作義的投匪有一秘聞：他一家大小十三口，留北平，到北平危急時，他的大小姐勸他：「爸爸，不能打了！還是和了吧！」北平易手後，天津的匪報《大公報》改名為《進步日報》，這樣就算是「進步」，而這位被父親珍如掌上明珠的大小姐也就變為該報大編輯之一。

平津變色外，再談談雲南的變色。龍雲是最講迷信的，他在昆明執政時，選了一處有什麼「龍潭」的空地，蓋了一座精緻的別墅。據說：他發達就因其祖的墳葬處是龍潭，而他在昆明的另一棟大廈，用大理石的柱子雕著兩條盤龍來象徵自己。

龍雲自命為一條龍。龍，當然是不能離開水的。所以他在抗戰期間到重慶時，當局特地替他預備作行館的那座巍巍然高踞復興關上的著名的李家花園，他不去住，卻特地選擇靠近嘉陵江濱的一處別墅。為什麼？因為他是龍，龍不能離水，一定要靠近江濱。

因此，有人戲言：龍雲後來從南京化裝老太婆逃到香港而「靠攏」，住在香港已是他的末路象徵。為什麼？他姓龍，應該住九龍，不應該住香港。九龍有「深水灣」，他不去住，他偏偏住在香港有名住宅區的「淺水灣」。俗語說：「龍遊淺水遭蝦戲」，龍雲在這淺水小灣內還有翻身的日子嗎？

生龍怕活虎

提起龍雲就令人想起盧漢。他們兩人的關係一說是同父異母的兄弟，一說是表兄弟。不過，他們都是倮倮族蛻變而成雲南土著的。雲南許多族姓都由倮倮族而來。據說：最初倮倮族到雲南，漢族問他們姓什麼？他們並不懂漢語，冒然的答道：「囉！」於是，漢人就以為他們姓龍、姓盧、姓隴等等，而成為當地的土司。龍盧等姓的由來如此，其血統也極參雜，故龍雲和盧漢雖不一定就是兄弟，總之他們是有共同的血統的。

龍雲本是唐繼堯的部下，在那時候就培植了一批黨羽，謀取唐而自代，被唐繼堯發覺了，就把他囚在五華山（雲南省政府所在地）有一個相當的時期，後來獲釋，以牙還牙，取唐之後，又把唐囚於五華山，最後把唐毒死，他的對頭張沖被打敗而囚死，這才安穩的做了雲南的「土皇帝」。

在抗戰期間，龍雲是滇黔綏靖主任兼雲南省主席。汪精衛由雲南出亡叛國，就與龍雲勾結，不過那時龍雲還不敢明白表示，只許汪以相機行事。桂林失守，抗戰正走下坡，汪逆又派了一個代表到雲南來見龍雲，龍雲派了他親信的諜報主任赴安南，一面迎接，一面保護。這時駐昆明憲兵十三團，得了這個情報，就把汪的代表和諜報主任秘密逮捕了，查明了身分才把諜報主任釋放。龍雲知道之後，大發雷霆，說我派人是假迎接，實在是逮捕，你反搗我的鬼！就以綏靖主任的權力，把憲兵十三團團長龍滌波扣押起來，口口聲聲要槍決。當時杜聿明是昆明防守司令，明是防守昆明，暗是監視龍雲。像龍雲這樣危險而翻覆的人物，那有不被中央監視之理。杜聿明親自去保龍滌波，碰了一鼻子灰。同時龍雲命他的第十九師，包圍憲兵十三團，強迫交出汪逆的代表。當時龍滌波雖被扣，還想把這個代表押解到重慶去，但卒因顧全大局和受不了威脅，那個偽代表才被龍雲硬取出來。又當時關麟徵是第九集團軍司令，駐防河口，也很想來保龍滌波，龍雲知道了，以綏靖主任的名義去了一通電報，說關總司令不得擅離職守！關麟徵於是無法來昆明。最後還是由於外國朋友的情面，那就是「飛虎將軍」陳納德講情，這才釋放了龍滌波；如果再不釋放，飛虎隊就要行動了，而大炸昆明。所以當時有一句極有趣的諺語，叫做「生龍怕活虎」。龍雲當時手裡掌握著七個暫編師，一個近衛旅和一個特大隊，還有東西中三個護路大隊，幸而那次事件平安的過去了。

在上述這種惡劣的情勢之下，雲南的變色是早晚間的事，中央看得很清楚，但為著顧全大局總是對於雲南加以安撫，希望大後方不要到處出亂子，這是中央的一片苦心。抗戰時期如此，抗戰後也如此。

繼龍雲主雲南省政的是盧漢。三十八年秋天的震驚中外的「昆明事件」，雖然雲南方面的異動是早在一般人意料之內，不算突兀，而忽然盧漢向重慶一飛，滿天風雲，頓行銷散。此中經過如何？簡直像一幕神秘的電影，至今還有許多人莫測高深，而不知政海之波瀾壯闊，雲影迷離，極盡詭譎變幻之能事。

「昆明事件」發生之際，雲南的政治線上固然大形騷亂，就是在整個動盪的全國局勢中間，也彷彿來了一場可怕的暴風雨。當日廣州方面的當局主張立即由余程萬收復昆明，另派主席，大有當年「西安事變」時堅主討伐張學良、楊虎城那樣的激昂慷慨。其實，雲南事件醞釀已久。有一個美國人類學者李曼在三十八年八月底以前，即已曉得將有不流血的政變。西南長官公署的負責者張羣，是一向公忠體國的黨國元老，曾經為了雲南問題不容易得到解決而感到極端的頭痛，一度表示消極，而當時住在香港淺水灣的「雲南王」龍雲，招待記者簽署發表四十四人的「宣言」以後，色彩更非常明白。所以凡是在中央每天能夠看到秘密情報的人，對雲南問題實在無法樂觀起來。於是在九月五日的昆明政變的消息一傳出，主張採斷然制裁斬首除根的，十分抬頭。但此中卻有一個人，雖不樂觀，也不悲觀。這當然也是一位中央同志，姑隱其名。他是一向主張用和平的政治的方法安定西南而阻止龍雲的「翻身運動」的。他在跟隨　總裁前往重慶以後，曾經考慮一個方法使盧漢來到重慶謁見。

謀國的苦心

等到盧漢的代表飛來重慶，到了林園，這位同志曾苦口婆心，叫他們回去力勸盧漢要看清大局，不可亂動，不料九月六日他在重慶報上看見「昆明事件」的消息以後，一晝夜非常焦急，也感到這個問題的嚴重性。因為他覺得：雲南本身的力量固屬有限，然而它的內部情形複雜已極，外面的環境也險惡已極，現在大局到了這樣困難的階段，大後方出了亂子，總不是好事，凶多吉少。他一夜熟思的結果，還是主張和平解決，而且認為必有把握，一清早就跑去謁見　總裁，詳細說明自己的觀點，建議用政治方法解決這個突發事件。據說　總裁當時頗為首肯，即把張羣找來，還找了幾位與雲南有關的人物，大家切實商量。但那時的空氣還是和廣州一樣，許多人認為此事醞釀已久，且既已表面化，一發而不可收拾，用政治方法決不能解決雲南問題，不如來個迅雷不及掩耳的手段，一鼓予以盪平。只有那位同志的看法始終不與眾相同：他總覺得，除非盧漢蠢得像豬一樣，不為雲南打算也得為自己打算，一旦龍雲回滇，盧漢的地位便十分危險，雖然是同天異地的兄弟，到了那個時候，也許盧漢的生命就會斷送在龍雲手裡。即以龍雲所交遊的那般人說，如果一旦都隨龍雲到雲南來，盧漢也招架不住。照利害觀點看，盧漢絕無棄明投暗之理。其所以釀成「昆明事件」，必定另有誤會，假定當此表面化的時機，中央仍然表示寬大，盧漢細加思索，必會感到：「我造了反，中央還是寬大，可見過去那些人所傳的中央決不容留他，都是謠言。」這樣，盧漢馬上可以回心轉意，扭轉局勢。這個主張一出來，政治解決空氣忽然濃厚，於是即用長途電話與廣州方面詳談，希望大家力持鎮靜，在報紙上保持一個時期，不宜有刺激的言論和記載。

於是九月六日，盧漢接受重慶的電召飛渝，返滇之後，確曾有所表現，例如查封親匪報刊，拿辦反動份子，表示決心服從政府。及重慶淪陷，盧漢竟於十二月十日通電附匪。可見所謂「昆明事件」雖由於上述那位老成謀國的忠貞同志的獻計，一度好轉，但盧漢之終於「靠攏」，似已成為定論。也許那位中央同志明明知道這一點，不過能拖一天算一天，在整個大勢逆轉之下，再生出一個諸葛亮也不中用了，可歎可歎！

除平津及雲南外，再談談新疆的變色。三十八年前後，版圖變色的地方不僅這幾處，但因新疆問題特別複雜，有蘇俄的因素在內，越覺玄妙，所以打算多談一點。

新疆自民國三十三年盛世才去職以後，換了吳忠信、張治中、麥斯武德、鮑爾漢四個主席。到鮑爾漢，遂一變而再為「新疆人民省政府」的「主席」了。

抗日戰爭結束，國內正在狂歡慶祝八年血戰的輝煌勝利時，但在這遼遠的邊疆卻罩上了一層濃厚的陰影，那就是「伊寧事變」。國軍預備第七師副師長杜德孚率千餘官兵在艾林巴克機場於飢寒交迫下抵抗百日，終於彈盡糧絕，全部殉國。伊寧的大軍指向塔城與阿山，混雜著蘇聯的機械化師團圍攻精河與烏蘇，在阿山的宛凌雲指揮官被俘後，在精河烏蘇一帶慘烈抵抗的李鐵軍總司令（就是曾經同我們在河西打黃羊的那一位將軍）也因後援不繼宣告失陷。伊寧的軍隊乘勝指向瑪納斯河，等到徐汝誠的兵團到達後，才暫時停止了攻擊。

當時政府派了張治中去談判。這個談判還是伊寧的「東土耳其斯坦政府」透過蘇聯先向我政府提出的。張治中想用政治的方法取消伊寧、塔城、阿山三區的特殊化，但蘇聯既然協助那些失意份子，怎會接受這種主張呢？但經半年的談判後，終於簽訂了所謂「和平條款」。伊方的阿合買提江、賽福鼎等任新疆省政府委員。可是他們還是拚命的在七個區域裡發展「東土耳其斯坦青年黨」，鬧得烏煙瘴氣。張治中感著這一步棋是走錯了，隨即辭去兼主席職務，拖出麥斯武德繼任。

麥斯武德是新疆維吾爾族所敬佩的好好先生，但伊寧派反對他，發動了吐魯番、托克遜、鄯善三縣的暴動及北塔山外蒙軍進犯事件來打擊他，自然是蘇聯在提線，但全疆的廣大民族都反對這種陰謀。結果，伊方留在迪化的高級人員，由蘇聯派來飛機把他們全部運回三區去了。

新疆局勢危

新疆的局勢又僵化起來。兩方在瑪納斯河的兵力對峙著。這樣的局面一直拖到三十七年的十二月，政府為著安定西北的局勢，免去麥斯武德，任命鮑爾漢為新疆省主席。麥是傾向中央的，鮑則接近蘇俄。到鮑任新疆主席，已見政府再無力控制邊疆而不得不出此一策了。

其實當時中央駐在新疆的部隊，尚有號稱著「十萬大軍」，應該對付新疆異動而有餘，原因是不止是對付新疆內部，更頭痛的是對付蘇俄，以致感到困難。當日駐新國軍的兵力，共有三個軍。騎五軍軍長馬呈祥部隊大半駐在迪化與奇台，控制著機動的騎兵，是專門對伊方來配備的，並有一部兵力駐北塔山，專對外蒙方面警戒。整編七十八軍軍長葉成，兵力在迪化有一七九師，師長羅恕人；在綏來有二二七師，師長朱鳴崗；在哈密有一七八師，師長莫我若；這三個師控制在哈密、迪化、綏來、呼圖壁一線，可說是擋禦北疆由外蒙與伊方鐵騎的一支勁旅。在南疆有四十二軍，軍長趙錫光，下面有騎九師，師長馬平林，駐喀什；有預備第七師，師長原係侯聲，後易李祖唐，兵力散佈在吐魯番、庫車、輪台、阿克蘇以東的地區，來抵擋通伊寧的天山諸隘路。還有騎兵第四師，師長唐井然，大部駐在莎車、葉城一帶。連同地方部隊如烏斯滿的哈薩克兵團、扎克勤的哈薩克騎兵團等，總計約十萬人。

新疆投匪的主角是陶峙岳。在張治中時期，陶是西北行營副主任兼新疆全省警備總司令。此人本為湘軍將領之一，在西北多年，亦頗負人望，接近文人學者，善待湖南同鄉，像賀國光被稱為「賀婆婆」一樣，有「陶婆婆」之稱。但即因其生性舉棋不定，經不起大風浪的簸盪，終於一舉而把十萬國軍向共匪「投誠」，以保持個人的地位。

新疆的淪陷是在三十八年九月二十六日。七月中旬，陶峙岳動搖的象徵業已開始。新省警總參謀長陶晉初在迪化策動兵運，慫恿贊同所謂「局部和平運動」。到了八月下旬蘭州的保衛戰開始後，新疆的陰謀越發明顯化。陶在迪化大樓紀念週公開向官兵講話：「新疆現已處於絕境，我們惟一的出路是需要和平，貫徹張主任的和平政策。」蘭州的戰爭自八月一日揭幕，至二十五日因為某方的兵團按兵不動，胡宗南的部隊受阻，青海的馬步芳鑒於匪軍一股越洮河直取西寧，隨下令撤守。到二十六日，蘭州的長官部移至永登，二十七日撤古浪，二十八日即撤至武威。

觀察當時情勢，匪軍立腳並未穩定，如果急調新疆的有力部隊東去增援，尚有辦法，只要能扼住酒泉和猩猩峽，新疆是沒有什麼問題的。可是陶峙岳陽與各將領商討增援酒泉，陰將所有汽車五百餘輛調向河西走廊，名義上是搶運物資，實際上是準備接運匪軍部隊。

八月二十八日晚上，陶集合了北疆的幾個將領葉成等開會，討論接受「和平條件」諸問題。當時這群將領都表示反對，經過一整夜的泣諫，陶總算接應了把部隊東開增援酒泉。

翌日，馬呈祥的部隊即準備向奇台集結，羅恕人部亦準備東開，綏來的部隊也準備東調。當時的計劃：馬的騎兵走北路，葉的部隊由綏來徒步南路，經吐魯番會合於哈密。但當馬呈祥在迪化未出發以前，便發現了一個陰謀：企圖以伊寧與外蒙的部隊出擊馬呈祥，以鎮西伊寧的兵力壓迫葉成兩個師，專在部隊撤守而立足未穩之際以解決之。

九月二日，伊方由蘇聯領事館轉達向新疆當局提出了三個條件：一、準備改編中央軍全部，並交出武器。二、交出新疆政權。三、懲處「戰犯」馬呈祥、羅恕人、葉成等十二人。這條件無異是所謂國「共」和談中匪方所提條件在新疆的翻版。當共匪在北平召開「新政協」時，新疆派了四個代表參加：一是新疆學院院長涂治，一是伊寧的賽福鼎，一是哈斯木江，一是達里力汗。涂是與鮑爾漢同路的，賽是伊寧方面東土耳其青年黨負責人，哈是省府的副會計長，達是代表珂山哈薩克一部分勢力，這顯然證實伊寧已與共匪合流了，也就是受著蘇俄的一貫指使。

哭有什麼用

九月三日，馬、羅、葉等又到陶那裡去開會。陶痛哭流涕的說明他為「國」的苦衷：「這次蘇聯方面壓迫我們向伊寧投降，我們為了爭取主動，必須尋到主動的出路。張治中先生曾從北平來電，說新疆已處於絕境，今後的生存價值與空間都失去了。」在座的葉成只是流淚，羅恕人便說：「誰要投降，誰便是歷史上的罪人！部隊現在不是不能撤出新疆的，援救河西截住酒泉和猩猩峽，就可以慢慢的集中與調動了。我相信伊寧方面那麼少的部隊是不敢來攻擊我們的，假若來，即予之以反擊。最下策，我們還可以撤到青海或西藏，大家怕什麼？」

九月四日，阿合買提江到迪化，住在蘇俄總領事館，對新疆局勢已與陶峙岳有初步的決定。街頭謠言紛起，夜間飛滿共匪的傳單，大字寫著：「新疆就要天亮了！」

九月五日，戰爭或撤退已達到了最高潮。許多將領又到陶那裡作最後的諍諫，陶仍一味敷衍和拖延，與鮑爾漢、劉孟純（新疆省府秘書長）等一面發動蘇俄領事館施以壓力，一面煽動所謂「民主份子」喧鬧，一面陽允部隊作開拔的準備，一面又說要等中央的開拔令到來，實際上在策動河西走廊的投降。因為新疆一省與甘肅的河西走廊各縣關係密切，河西走廊一斷，新疆即趨於絕境。這時，新疆的忠貞將領都渴想東開打出一條出路，但迪化距酒泉甚遠，汽車至少一週，徒步需一月，更加官兵三月餘未發餉，中央運濟新疆的黃金全被新疆當局沒收，即使進兵，補給上也成很嚴重的問題。

這些忠貞的將領對陶的諍諫毫不得要領，他們便企圖發動一次政變將陶看管，並捕殺共產匪徒和親蘇份子，然後再宣佈陶的罪狀。他們秘密召集了城防司令熊毅及一七九師的各團長、騎五軍的副軍長等，準備大幹一下。開始發動的地點在老滿城。因為時期已迫促，新疆當局接受共匪「領導」的宣言已經擬就而且準備張貼了。

大家於深夜十一時再度集議今後的號召問題及對中央的呈報問題。不料就在這個時候，有人洩露了秘密，陶峙岳聞訊大驚，立即電話告知劉孟純、屈武等，一時都逃到蘇聯領事館去求保護。陶即用電話找羅恕人，用哀求的口吻說：「恕人！你假若認為我是你老大哥的話，你趕快到我這裡來一趟。以我們兄弟之間的多年友誼，我覺得無事不可以商量的。……」

第二天，馬、羅二人知道事情洩露了，便冒險到陶的私邸，坦白說明這次計劃的迫不得已，企圖十萬官兵不致犧牲，四百萬人民不致塗炭，許多將領得免列「戰犯」，新疆仍為中華民國的領土。陶沒有同意，暗以兵力監視，挨到將天亮時，允許他們離開新疆，馬、羅等仍堅持向中央作詳細的請示後再行決定。

再說新疆人士中的右翼份子如麥斯武德、艾沙、伊敏、哈德萬等都反對新疆的「易幟」，但用盡了百般的方法打不動鮑爾漢的投降。鮑一味向陶身上推，凡有人勸他，他便說：「新疆的最高軍事首長陶副長官都投降了，我們這些手無寸鐵的人，又有什麼辦法？你們要知道：新疆的問題一向是取決於軍事的。」

事情既已明朗的惡化，艾沙和伊敏便乘汽車提前走避南疆，哈德萬以養病為名躲在南山裡，她是一位奇女子，曾率數萬哈薩克人反抗盛世才，這次又正在準備反抗陶峙岳。

新疆的哈薩克族是楊增新主新時代值蘇俄革命、蘇軍在哈薩克斯坦以飛機大砲趕他們逃向中國國境來的，雖然他們組織了阿拉什共和國來反抗赤色的蘇俄，但終因武器窳敗，組織欠健全而失敗。他們一提起「共產黨」便心驚肉跳，咬牙切齒，所以在新疆的哈薩克民族沒有一個不反對新疆的「易幟」的。

這時，哈德萬已經嘯聚了二千餘游牧兵不聽省政府的指揮了，全疆各地的哈族均紛紛遷向南山去。東疆的烏斯滿亦經省府以擾亂地方治安的罪名而免去省府委員之職。烏斯滿正與東疆的堯樂博士聯合從前逃往甘肅的胡賽音等人作竄入西藏的軍事行動。

親送到門外

九月七日，陶又找馬、葉、羅等集會，大家從前見面都是痛哭流涕，這次變成悲憤填膺了。許多將領質問陶為何有這般鐵石心腸？陶的答覆還是那一套：「我為著十萬官兵的生命，四百萬民眾不致流離失所，走上策不如走下策，但一切都由我個人負責，我陶峙岳願作歷史上的罪人！」大家默然。

馬呈祥的部隊已經出發，綏來的部隊眷屬也紛紛後撤，迪化的部隊亦將笨重行李集中，但陶不願意這樣做，所以陽允開拔，陰謀「和平」，今日開會，明日集議，盡量拖延時日候河西的「和平局勢」開朗，同時暗中監視這些忠貞的將領，免得他們有所「異動」。

這時，外蒙的部隊在北塔山又開始蠢動，綏來前方的伊寧兵團亦漸東移，前哨已有小接觸，但沒有渡過瑪納斯河來。綏來的民眾慌亂得四出逃散，部隊的紀律也因開拔的關係壞起來，有些強拉老百姓的馬與車，一時瑪納斯河的邊緣上亂如麻縷。迪化也風聲鶴唳，一夕數驚，城郊槍聲，徹夜不絕。流氓地痞開始搶國軍衛兵的槍，供應一分局及汽油庫衛兵的槍枝都被搶去，迪化南郊荒僻地區開始打家劫舍起來。

九月八日，西寧即將失守，新疆越是手忙腳亂。馬呈祥部本是青海的騎兵，聽說家鄉快要淪陷，亟願東援酒泉，與匪軍決一雌雄，而羅恕人部到了這時反被綏來的部隊拖延，因為一七九師是七十八軍葉成指揮下的部隊，勢必候綏來的部隊撤來後才能出發，到了後來羅恕人決定單獨行動，向馬呈祥借了一百兩黃金作開拔會，設計向供應局借了少數汽車，將隨馬軍赴酒泉作戰，可是馬、羅部隊的東征壯志，因西寧的迅速瓦解而無形打消，他們惟一的辦法只有撤退南疆以固守了。

九月九日，西北局勢迅速的演變，也決定了新疆局勢的急轉直下。徐永昌來到蘭州後，又飛到寧夏，接著秦德純也急忙的趕來，這時周昆田也到了迪化，負有三種任務：一、說服陶峙岳掌握的十萬大軍迅速東開援救河西，二、勸解動搖份子使他們的離心力減低，三、對簽訂中蘇貿易條約與經濟合作條約有所指示。但事實上是太晚了。

鮑爾漢、劉孟純等就在九月九日上午十一時召集了迪化各族耆宿等舉行了一次「爭取本省和平，保障本省和平」的座談會，出席三十九人，席間一串的強調張治中「新政策」的成功與「和平信心」的堅定。這個會正在周昆田召集了一次會議不得要領以後，目的是在打擊周昆田。

這天下午，便有苗沛然，馬文祥等二十餘人召開響應鮑爾漢「和平號召」的會議，並決定了三條：一、除赤誠的擁護鮑主席的「和平號召」外，並將鮑主席最近對於「和平」的談話印製成各種文字的宣傳品向人民廣泛宣傳，使各族人民都能徹底瞭解。二、正式用書面呈送省政府表示竭誠擁護「和平號召」。三、推派依不拉引（維族），馬文祥（回族），卜松齡（漢族），塔拉阿提（維族），向省政當局請示對於此次座談會上之決議，擬成促成和平組織的意見。這當然是鮑爾漢發動的。

九月十二日，陶、鮑、劉等晨七時就跑到蘇俄總領事館去，洽談所謂「機密」，約半小時各回寓所。薩維列夫（蘇聯駐迪化的總領事），葉斜也夫（副領事）等親送到門外，表示極其親暱，據後來得知，他們密談的共有三項：一、「中共軍」至新疆後，省政府改組問題，省府主席仍由鮑爾漢充任，伊寧的副主席阿合買提江等來迪化參與改組省府工作。二、國軍的改編問題及「共軍」入新後之駐防問題。三、國民黨地下工作份子之肅清與現在迪化的頑固份子之捕殺或令其撤退問題。

陶峙岳從蘇聯領事館回寓後，便召集一七九師（羅恕人部）駐迪化部隊副團長以上談話，花了兩小時以上冗長而反覆的說明，目的在說服這般將領的心，先舉出新疆局勢不能以單純的軍事行動來決定的各種理由，引入只有政治解決之一法，說完時竟老淚婆娑起來。歸結他的談話，一是要保持新疆永久為中國領土，一是不讓新疆四百萬民眾慘遭浩劫，一是不讓駐新十萬官兵流離失所，但最終的目的是投降。最後還有一位將官憤憤的站起來質問陶：「你是不是想當人民解放軍總司令？」陶含著一包眼淚離開了他的座席。

嚴重的誓詞

九月十三日，河西到了極其緊張的階段。蘭州長官公署的人員撤退到酒泉，大批工作人員紛紛向哈密移動，第一批約有二百五十餘人。

這時，馬呈祥發現了新疆當局的陰謀後，其撤往東路的部隊又迅速的開回迪化來。羅恕人的部隊也變更移動方略，作作戰準備。綏來撤下來的眷屬又從哈密折回來。綏來、鎮西、哈密等地的部隊，都在原地不動，準備打仗。這時，綏來方面的伊寧部隊已經開始渡河，曾有一排兵力過河接收，被守河部隊打過去。一時北疆全土陷於無邊驚恐的苦海裡。民眾到處組織自衛隊與民軍以自衛，久處新省的漢族也在青紅兩幫首領領導下組成了人民自衛軍。

綏來方面的情勢最緊張。北塔山以及南疆的天山諸山口，都有了騎兵的活動。鮑爾漢派了他的兒子到綏來與伊方送上關說，叫伊方現在不必進攻，因為國軍即將「投降」，等候一些時候就可前來接收了。

九月十五日，胡宗南在漢中得知新疆的消息後，每隔二十分鐘與馬、羅、葉等聯絡一次，並打電報痛罵陶峙岳。陶的起家本由胡宗南一手栽培出來的，胡的電報上措辭非常不客氣，有「老而不死的叛逆」等語。陶接到電報後流淚很久。

但是新疆已變成了死谷。陶將河西的第八補給司令曾震五（陶是湖南寧鄉人，曾是湘鄉人，我過河西時曾見過他。）召來迪化，要他向那些「頑固份子」作懇切的勸降。曾震五首先勸羅恕人，被羅痛斥一頓；又勸其他的人，有的接受，有的反對。後來胡宗南獲得陶峙岳欲調馬呈祥離新以及壓迫羅、葉諸人就範的消息，曾來電指示：「吾兄等應苦撐到底，即派飛機接運在新眷屬，並相機將叛逆等撲殺！」可是事情並沒有如此順手，陶先軟化了葉成，用政治手段讓諸將自己明白表示態度：是放棄反俄反共？或離開迪化？抑率部遠走川藏來接近戡亂的地區？

到這時，駐新國軍的遠走川藏未始不是一個良好的辦法，但顧慮到在新的四十萬漢語系同胞，既不能一同撤離，軍隊一走，這些無辜的漢族同胞將遭遇無窮的厄運，因此只有忍痛的表示：願意返回自由祖國。陶當然樂意他們有這種決定，隨與張治中通話，經張許可後，又電中央與胡宗南，說諸將領在迪化因為環境關係，不得不離新回國。

九月二十日，馬、葉、羅三將領將要離開迪化的消息傳遍烏魯木齊（迪化古名）後，許多回、漢、維各族同胞紛紛向馬呈祥獻旗並獻青天白日勳章，又向葉、羅及劉漢東（迪化警察局長）等獻勳章，許多老百姓都向他們致敬，並對他們哭泣。

這晚，騎五軍的處長以上，一七九師的科長以上，齊集老滿城宣誓：「擁護國民政府！服從蔣總裁命令！兩軍抱必死決心，為中華民國犧牲奮鬥到底！」參加宣誓的人都滴滴淚下。馬呈祥且說：「我假若違背了我的誓言，我便不是回教徒！」這可說是最嚴重的誓詞了。

二十一日，河西戰事更加失利。匪軍已陷民樂縣，張掖無法固守，酒泉局面極度緊張。前線指揮官的西北長官公署的副長官劉任翻車頭部受傷。（劉任將軍現居臺北永和鄉，奉養高齡老母度著清閒的生活。）中航公司奉命撤退，僅留少數飛機人員改編為省政府民航隊。其他中央機關亦紛紛作撤退的工作。政府獲得了新疆不穩的情報，曾派專機一架來接陶峙岳，陶恐此行與他不利，便派新疆總部的副參謀長左曙萍（左宗棠的族孫）代向中央報告一切。

九月二十三日，匪軍參謀長王震到酒泉「受降」。陶峙岳卻於當夜下令，通知中央各機關限三日內離開迪化，不願離開者即予登記，撥歸新疆省政府管轄。同時，河西的匪軍乘勝西進，彭德懷也到了酒泉，航路中斷。政府原來派有飛機四架，派左曙萍押款送到新疆，不料飛到漢中後連日大雨，而裝載銀幣的飛機不能起飛。這些錢是接濟撤退離開迪化的將士和公務人員以及他們的眷屬返國的。飛機既不能來，而時局又迫在眉睫，許多留在迪化亟待撤退的將領官員，只有繞一個大圈子，南走崑崙山而入印度了。

悲風苦雨中

九月二十四日，迪化已到了空前騷擾的局面。白晝到處槍聲不絕，大街上公開劫奪財物。這是鮑爾漢等故意使一些流氓向抬高物價的商店搶東西，並沿途高呼著：「卡機布五毛一檔（一檔約二市尺），上麵四塊錢一百斤，羊肉四毛一斤，銀元票和銀元一塊頂一塊。如果商人不照這樣賣便實行搶奪，如果店鋪不開門便實行搗毀，如果東西不拿出來賣便實行搜查充公。」

市面上已經亂得一團糟了。稍為有點錢的人都紛紛逃避到鄉下去。全城只見流氓到處滋擾。共匪的標語與宣言滿佈在街頭，所有青天白日旗一律被撕毀了，僅僅剩著城北駐軍的操場上那一幅。

赤色的逆流淹沒了西北的原野，浸蝕了塞外的新疆。新疆的附匪，對於政府實在是一個重大的打擊。因為蘭州剛剛失守，倘若新疆能夠屹立不動，那麼，共匪的兵力至少要在西北被牽住一部分，就是「東土耳其斯坦」假蘇聯外力向迪化進攻，戰爭亦須進行一個時期，而匪軍蘭州的兵力不能大量集結向四川進攻，向漢中進攻，也許四川可以確保一時。

許多忠貞的將領既已被迫離開了，而換了一批陶峙岳的親信。先從北疆說：七十八軍軍長葉成辭職，換了陶的部屬原任哈密一七八師師長的莫我若。騎五軍軍長馬呈祥被迫離隊，換了陶的師長韓有文。一七九師師長羅恕人辭職，換了七十八軍的參謀長羅汝正來接替。當然，在這個時候，凡是稍具一點反共抗俄的思想或與伊寧及共匪口味不合的人，都不會被圈定來掌握兵符的。像一七九師的副師長熊毅，因為他在軍校紀念日痛罵過劉孟純，本來他可以接任羅恕人的職務的，這時，也被陶、劉等目為帶著「刺激性」的人物，也迫他離開了迪化。

到九月二十五日下午一時許，陶峙岳親到老滿城去送馬呈祥，又到羅恕人家裡去送羅恕人，他們相對著又哭了一場，陶哭得比以前更傷心似的。因為羅恕人是陶從前三十八集團軍總司令時代的參謀長，相處有年而且情感不壞，到這時，由於各人的立場不同，也只好分道揚鑣了。

不久，劉孟純也來送行，劉是張治中惟一親信的幕僚。張兼任新疆主席，劉即任省府秘書長，一直維持到新疆變色。陶在新疆雖是軍事最高領袖，但實際上還得事事請教劉，因為劉係代表張治中。劉孟純送行時也夾著一包眼淚和「政敵」們握握手，他也是先到馬那裡，後到羅家中，後面隨著一名攜帶卡賓槍的副官以自衛。

迪化的民眾都已知道馬、羅、葉、劉（漢東）等於這天下午將離開迪化走南疆，便三五成群的跑到他們那裡去致敬，去哭訴，情景是夠悽慘的。

時候一刻也不容遲緩，陶又派人向撤退的那些將領傳送消息說：「離迪人員，無論如何，必須本晚離開迪化，因為『解放軍』的先遣人員就要來到迪化了。……」

這當然是一個「最後通諜」，也是一道「催命符」。那些準備即時離新的將領的心情是可以想像得到的。他們在這種險惡的環境重重包圍壓迫之下，除了一走之外，還有什麼辦法呢？他們一走，新疆也就完了！

國軍駐新將領撤退的行列並沒有如何的驚天動地，反而是靜悄悄的分離。一行十餘人，除上述幾位將領外，還包括一七九師副師長熊毅夫婦、劉祿均夫婦、章佑強、蕭雲五、朱敬康等人。他們乘著一輛卡車先到了老滿城，馬呈祥正在和民眾話別，叫其餘的人先到迪化南郊的烏拉攞等候他。卡車出了老滿城，許多民眾站在門口向他們熱烈的揮手，甚至流淚。因為這幾個將領在新疆人民的眼中是有很好的觀感的。如馬呈祥之入新，正值新疆全省風雨飄搖之時，他到新疆後才產生一幕圓滿的談判，安定了一個時期。羅恕人任迪化警備司令時，對於「二二五事件」的處置以及對於反動份子的打擊，都留給新疆人民一種好印象，所以新疆人民眼見他們離開了，自然而然心裡難過，垂淚而別，同時也會意識到：將來的日子是陷於悲風苦雨中了。

羊頭和羊腳

這一輛黯淡的大卡車在當日下午四時三十分離開迪化市，一直在烏拉擺，停了三小時之久，一片黃色的草原漸垂在日暮餘暉中。到這時候，馬呈祥、羅恕人、劉漢東，以及蒙藏委員會委員長周昆田、新疆總部高參饒鐵珊、迪北回文會主委馬國義、省衛生處長馬恕基、新疆省民政廳長王曾善、來迪化開會的駐焉耆一二八師師長鍾祖蔭等等，浩浩蕩蕩的共一百六十二人，男女老幼外還加上一連保護的士兵，共十餘部大卡車於黑夜中在迪焉的大道上，向塔里木盆地進發了。但葉成沒有撤退，大家都預料他是不能留在迪化的，雖然謠傳陶峙岳擔保他的安全，而陶的安全又誰能擔保呢？

這個撤退的行列到深夜一時才到達坂城。這是一座天山南北的要衝，從前盛世才與馬仲英便爭這一個地區，可見這裡在軍略上的價值。他們就投宿在幾家維族的草店裡，土坑上灰塵有一寸厚，許多死的羊頭羊腳堆在屋角下。

「就在他們抵達坂城的時候，迪化方面發出了所謂『解放』的荒謬的廣播。這一個荒謬的廣播當然是一張含有猛烈毒素而外蒙糖衣的『狗皮膏藥』，真正的新疆人民誰也不會相信，但是敢怒而不敢言；最可笑的是新疆的叛將們為討『新主子』的歡心，匆忙的表白，還是喊出『北平』的名詞，即此一點亦可預卜他們的悲慘的命運。」

這一個荒謬的廣播的後面的署名，是以陶峙岳、趙錫光、韓有文、莫我若、鍾祖蔭、李祖唐、田子梅、韓榮福、郭全樑、朱鳴崗、羅汝正、楊廷瑛、馬平林等投匪的叛將為主。最奇妙的是鍾祖蔭，他明明是參加撤退行列的，而且人已在途中，而竟然名列廣播裡，連他自己也莫明其「土地堂」，可見留在迪化的叛將們存心的誣害以及怎樣十足的表現了手忙腳亂的情形。還有一點，上列各投匪叛將，陶、趙、莫、李、田、楊、馬都是胡宗南系，而且同胡將軍都有一段淵源的歷史，兩韓及郭都是青海回族馬呈祥的老部下，羅汝正曾任青年軍團長，以這些人平日的言行是應該不會附匪的，但到這時不料一古腦兒變節了。

可是，這些忠貞不貳，英勇無畏的國軍將領們及國民黨黨員們，終於克服了冰天雪地的長途跋涉的險阻艱難，輾轉的回到自由祖國——中華民國的懷抱，靜靜的到了臺灣。

追述新疆變色的這一段經過，可以看出人生是一面大鏡子：忠與奸，善與惡之分是非常明白的。忠的始終是忠，善的始終是善，而奸的始終是奸，惡的始終是惡，在明鏡裡無所隱形，也無所藏影。所有叛將逆賊人人皆得而誅之，縱然僥倖苟存，也逃不了千秋萬世的罵名。

反共的暗流

儘管國土淪陷而使國運陷於極度的不幸，儘管叛將逆賊紛紛倒戈而斷送了錦繡江山，但天地間的正氣是屹然永存的，就在這種大板蕩的紛亂時期，剿匪反共的工作仍然在大陸的邊遠地區猛烈的展開著，表現了可歌可泣的奇蹟。我現在追寫一部分的資料，作為人心不死，國土重光的必然的保證。

首先要說的是西南邊區的反共暗流。前面說過雲南變色後，李彌部隊撤出滇境，隨即反攻入雲南邊區，惹起了舉世的注意。在中國大陸淪陷前後的反共的武裝部隊，無論是正規軍或民間武力，雖不一定有怎樣大的聲勢，然而反共游擊的實力確不可侮，尤其是人民反共的心理更不可忽視，如果能夠好好的加以積極組織和盡力扶持，剿匪反共的神聖戰爭一定是可以得到勝利的，可惜是沒有趕上時間表，以致於減弱了力量或終於潰散，但潛在的力量仍然熾烈，現在就只看怎樣去運用與靜待時機的到來了。

在廣州淪陷，政府遷都重慶這段時期，西南地區更成最為重要的軍略政略的地帶。在這時候，西南反共的勢力有一個大醞釀，而這裡面包括著許多神秘的人物，新奇的跡象，悲憤的吼聲，和偉大的遠景。這是什麼呢？這就是西南邊疆土司的領袖們，準備大聯合大團結，在國府支持之下組織一支強大的反共救國軍。

這裡所說的西南邊疆是包括了三大區域：

一、雲南：在滇南方面，屬於紅河流域的夷民，以土司李呈祥部為最有力，還有龍逢呈、錢楨祥，以及普家土司等，在這個流域，各擁有相當的實力。屬於瀾滄江流域的夷民，瀾滄的名宿李希哲一個人就可以號召十萬八萬人，是一位聞名中外的老英雄。瀾滄另一土司石炳麟，也有相當的聲望與實力。這一個流域有七八縣，至少可能有二十萬的人與槍。

在滇西方面，屬於滾龍江和怒江流域的夷民，以線光電土司為領袖。芒市的土司方克信、猛卯的土司刀金板、卡瓦山十七總王田興漢、以及果敢土司楊振聲，他們都是擁有相當力量的大領袖。單說這卡瓦山就有夷民一百十餘萬人，以白夷為多，面積比浙江省還大。這一方面的夷胞總數約有三百萬人。

在滇北方面，是應該以金沙江流域為一個區域。中甸的左宗王、劉漢興和阿墩子的名宿景海濤，都是極負名望的土司。

瞭解這些夷族的情形和他們領袖的動態，不失為李彌將軍戰報參考之一助。

二、西康：這就是屬於大小涼山的夷民，人數約有二百萬。上田壩土司嶺光電是鼎鼎大名的人物，他的夫人楊代帝也是出名的巾幗英雄。又如孫仿、吉紹虞（普吉州長官司）、張明熙（威龍州長官司），號召的力量都不小。

三、貴州：屬於貴州境內的夷民，最有名的就是畢節的土司楊砥中，他曾任西南邊疆人民土司的駐京總代表。連漢夷包括在內，他可以號召十萬人，至少七、八萬人，擁有八個縱隊的實力。所以西南邊疆的夷胞人數，可以組織起來的有五、六百萬人之多，而且差不多人人都有槍枝，甚至一個人有幾十枝槍。

有一個較為後期的中央軍校畢業的學生名陳砥柱的，在某一時期曾奉政府的秘令擔任與西南夷胞聯繫的工作，做得相當起勁。他之能夠深入夷區工作，乃是因為在西南多年，和西康上田壩土司嶺光電，西康木裡宣撫司項松典春品，烏拿長官司諸善忠，滇西果敢土司楊振聲，以及希益開尊等邊地領袖，都有相當的友誼。

西南邊區這塊廣大而綜錯的地方，可能是被一般人丟在腦後的，但也有些熱心邊務、知道這一大塊地方、這一大堆夷胞實在有重要性的人，曾經對此有獨特的看法，而畫出它的遠景。有許多開明的土司領袖，對此更具非常的熱望，對國家效忠的赤誠是比任何人熱烈的，可惜有些受命於中央的所謂「封疆大吏」，不是殘餘軍閥，就是官僚政客，不是搶金子，就是賣鴉片，弄得一團烏煙瘴氣，摧毀了人民對政府的信仰，製造地方上無窮的糾紛，這是國家民族的一個致命傷。政府雖勵精圖治，盡力撫輯邊疆同胞，但因有時鞭長莫及，也無可奈何。

保衛金沙江

如果用遠大的眼光盱衡西南邊疆的美景，則可能有以下的看法：

一、經濟方面：滇南錫礦蘊藏量約十億噸，佔世界第一位。滇東會澤的銅礦蘊藏量也在七億噸以上，佔全國百分之四十五。貴州的煤礦蘊藏量僅次於山西及開灤，而鐵礦則遍地皆是，蘊藏量在全國為第三位。石棉、鎢、銻、金、鉛等礦，則尤以金沙江及卡瓦山區域為富。西康的礦產也很豐富。如果把滇西南的剩餘糧食供濟康邊，則此西南邊區不難成立獨特的經濟單位。而貴州黃菓樹大瀑布，金沙江、紅河、薩爾溫江的水力發電如能成功，則此區域的工業動力及一般用電也可以次第解決。若將滇緬鐵路，川滇鐵路及滇黔鐵路利用外援迅速完成，與東南亞各國及內地打成一片，則滇康可為亞洲的新經濟中心，中國大陸的商品可直接運銷印緬泰越，作為未來亞洲金融集團的司令臺。

二、政治方面：以滇康的富庶，可以挾制巴蜀，控攬上游，向東則瞰制兩廣，進出湘鄂，以截取大陸的心臟及外洋的交通。

三、軍事方面：在大陸主要據點均難求規復之後，只有在滇康邊區埋頭苦幹，以兩地的經濟和政治的力量為軍事的支援，使有內外呼應之利。

四、人力方面：雲南人口約一千七百萬，西康約七百萬，共計約二千四百萬。由滇康間接控制的省份，合計則達一億二千萬以上。由此人口所供給的兵源及勞工人數，在開發及整軍上都足夠條件。單在人力上講，以滇康為中心的西南區域，實為亞洲反共陣線最有力的一環。何況夷胞的堅強耐苦，勇猛善戰，其一切制度習慣絕對與共產主義不相容，作為反共基地，實最適宜。

以上幾點，是西南邊區一些開明領袖的看法和打算。他們對於這種計劃也並不是認為「空中樓閣」，有一部分且曾經試辦或實行，但大部分卻從未有抓著實現的機會。其中癥結雖很複雜，然而就正在大陸全部淪陷的前後，西南邊地的反共暗流確實曾湧起了一股主潮，預定的秘密大計，聽說是如下的佈署。

西南邊疆夷族土司領袖們就在政府遷到臺灣之後的十月初旬，由下列名字的領銜上書請纓，殺賊擒王。那些名字是西南人民土司駐市總代表楊砥中、西南邊疆主委嶺光電、寧屬清邊司令孫仿、邊疆國代土司吉紹虞、田菁區剿匪總指揮李希哲、耿馬土司兼民團總指揮罕裕卿、司沱土司李呈祥、果敢土司楊振聲、中甸土司劉漢興、瓦渣土司錢楨祥、卡瓦山十七總王田興漢、紅岩土司李炳興等數十人。他們以萬分悲憤的心情，藉反共剿匪報國衛鄉的民心和士氣，號召動員西南邊疆民間潛在的武力，建軍聯防，經略邊圉，鞏固國防，如楊砥中、嶺光電、張鵬九等二十八個土司所隸屬的七十餘個部隊，就擁有三十萬精壯慣戰的壯丁與大量的兵器。以他們的基地而論：川康黔滇邊區，壤接四省，縮轂西南，控扼西藏，控拒印度，屏障中原，俯瞰粵桂，河山帶礪，形勢險要，而且民風強悍，出產豐盈，實在是一個軍略政略上的國防要區，直到遷臺後國民政府還稱讚大陸上反共的游擊武力中心乃在滇貴，可見這一股暗流，雖在大陸全部淪陷後遭受了共匪無情的打擊，但因地勢與種族的特殊關係，仍然是共匪的不能拔去的「眼中釘」。當時，那些西南邊地領袖們的反共救國大計，是以警衛金沙江為針對局勢發展的一個大單元。因為這條金沙江橫貫青康滇三省，控扼上游，可以排拒青海匪軍的侵入；掌握中流，可以防禦西藏的變亂；戍守下游，可以鎮攝兩鹽的異動。這一區地位的重要，不僅擁有豐富的國防資源和民間潛力，更佔有優越的軍略形勢，且為貫通東南亞國際走廊，極重要的軍事地帶。它的得失，不僅有關西南的安危，而且有關整個國家民族的休戚。

所以在當時，「保衛金沙江！」已無形中成為一個最堅強、最響亮的口號。他們的軍略政略是正確的，問題就在怎樣來策劃、來實行。

延平王英靈

怎樣警備金沙江來達成團結西南邊疆人民的任務呢？當時那些英雄們，一方面派去了代表潛赴臺灣要實行勤王，呼籲支助；一方面加緊編組他們的幹部。據確訊：一、西康靖邊司令鄧德亮已與陳砥柱協商，決定就鄧部編成的八個團和四十八甲的後備夷兵十二萬，擇優編成一個軍，綏靖邊區，確保西康政局的安定，策應戡亂反共。二、打算組成現代化裝備的山地兵團三個師，並不增加國家預算，經費由屯牧自給，試辦三個師，運用山地作戰的特長，擔負作將來反攻西北戰場的主力。三、即速建制上述山地兵團之一部，加強反攻力量，以策應巴山陝南的攻勢。四、確保康藏安寧，要進據金沙江的藏軍不再侵入，並對西藏採取政治及軍事的防禦攻勢。

他們當時頗自豪：這一個保衛金沙江的大計劃如果能夠實現的話，則對於當時逆轉中的西南形勢可以把它扳過來，至少也可使得國軍在前線放心的打下去，而無後顧之憂。而且，退一步說：萬一西南局勢再逆轉，反共的戰爭仍然可以憑藉邊區的力量繼續進行，再爭取反攻的機會到來。但不幸的是他們的計劃剛剛著手，而全部大陸都淪陷了。

同時，這些西南邊疆的愛國志士，除掉在康滇黔邊境發動他們的武力，號召他們的老百姓外，和他們素來通聲氣的四川民間領袖，也正在醞釀著一種安定四川局面而支持反共戰爭的運動。四川擁有八千萬以上的人口，潛在民間的社會勢力，根深蒂固，至為雄厚。這一股力量的由來，說來卻與臺灣有重大的歷史淵源。自從明末延平郡王招討大元帥鄭成功在閩南、在臺灣揭櫫民族大義匡復大漢以來，英風亮節，正氣磅礴，兩百年來，這種風氣遍佈蜀中，開山結社，標榜忠義，保持中華固有的文化傳統，與共產主義的思想和信仰處於尖銳的反對極端。儘管四川當代軍人間的意見紛歧，信心不夠，而潛伏在四川全省社會底層的民間心理卻是絕對與共匪不相容的。

因此，這一個運動曾由川康社會首領如「洪門漢留大龍頭」的周邊子（國代），瀘縣專員的羅國熙，前西昌警總處長的陸清澄等發起，呼號奔走，積極進行，計劃先行組織三個縱隊，來策應國軍的作戰，保川保國。

這都是大陸淪陷前後西南一帶的反共暗流，而這一道反共暗流一直到後來還使共匪大傷腦筋。李彌在雲南邊境之得手，自然與此一道暗流有關。

其實，大陸淪陷前後，不僅西南地區有一股洪大的反共暗流，可以說：全國各地的士氣與民心並沒隨著共匪的猖獗而銷聲匿跡，反而蓬蓬勃勃的滋長起來。在東北，在東南，在華北，在西北，都潛熾著反共的民間武力。儘管共匪霸佔中國大陸已近二十年，不為不久，但是這種民間反共武力，在匪偽政權存在的一天，是決不會消失的。又儘管共匪用最大的力量來剷除消滅這種力量，仍然是無濟於事的，正如白樂天所詠的春草：「野火燒不盡，春風吹又生。」這種散佈著全國的地下力量，只要國軍一旦大舉反攻大陸，將會從四方八面響應起來，何況政府早在不斷的加強聯繫中。

如今且舉出中原反共武裝的二例，以概其餘。

豫西民團是一支著名的地方武力。遠在民國十六七年，河南省西南邊緣地區的鎮平、內鄉、南陽、鄧縣、淅川等六縣，由彭錫田首倡聯防，組織民團，建立保甲，督辦縣以下地方自治自衛事項。因這一件事，使我回想到我自己的經過。我也是一個留日學生，也是在民國十六七年，也是由於那一時期赤禍已漸膨脹，也是首倡聯縣自衛，各情都已在上面說過，不過我的救國事業，終於因大局的變遷而未能實現；我的壯志豪情，終於因個人的流亡而折磨不少；但愛國愛鄉的書生本色，不弱於人，所以附帶提及一下。

只需六分鐘

話歸原題。彭錫田死後，繼之者就是別廷芳，把自治自衛工作愈形擴大。他有三個口號：一、人人能拿槍桿，二、人人能拿筆桿，三、人人能拿鋤桿。當時他的友人，戲稱之為「三桿主義」。說明每一個有志之士，都應該具備軍人、文人和農夫的三重本領，然後才能實行救國。

北伐成功後，政府曾派員到豫西考察自治實況。當時有人問別廷芳：如果集合六縣民眾需時若干。他的答覆是：除下達命令及民眾由其住所到達指定地點必需之時間外，六分鐘內，可集合六縣所有壯丁。

抗戰初期，劉峙將軍任河南綏靖主任，日寇入豫境，全省騷然。豫西有中央某種大儲藏庫，亟須搬運，但人力和時間兩費躊躕，劉經扶於是急電別廷芳到省相商，別允十日內運搬完畢，後果如期竣事。在抗戰期間，河南省大部淪陷，獨別廷芳控制下的豫西數縣，敵騎未敢侵入一步，可見民間實力的雄厚。

抗日勝利以後，別廷芳雖不幸早已去世，但他所樹立的規模俱在，繼起有人，不斷與共匪鬥爭。

例如李匪先念當時挾數十萬之眾，西陷襄樊，南侵武漢，大有囊括平漢，席捲中原之勢，可是終經不起豫西民團的奮臂一擊，伏牛山區，匪軍星散，而李匪本人，且僅以身免。其他大小零星戰鬥，不勝枚舉。

三十七年冬季，河南省主席趙子立宣佈：伏牛山區已會合敵後部隊三十餘萬人。這三十餘萬人中，據趙子立說：豫西民團就是這支敵後部隊的主流。此外，在河南，參加反共工作的，還有一支露頭角的地方武裝，那就是豫北新鄉、安陽邊區的張某所領導的安南民團。張為軍校十四期畢業生，原任某部連長，自豫北湯陰失守，安陽土共乘機蠭起，張父在安陽故里，薄有資產，愛護鄉里，素為鄉人所重，乃被共匪所忌，一次鬥爭，再次清算，終於召開所謂「人民大會」，宣佈張父為土豪惡霸，兒子在國民黨工作，罪當處死，立時斃於木棍亂打之下。張某於是立志誓報父仇，糾合不甘投匪的壯士數百人，勤加訓練，曉以大義，漸漸擴充到二千多人。有一次，匪軍大舉侵劫鄰縣新鄉地區，張某親率精銳一部，星夜疾走，到達匪軍的根據地，盡執其留守的人員，並將匪營內軍事補給用品，擇其能用者一齊帶走，不能用的及其他物資，一律焚燬，等到匪軍拂曉回來後，張隊人馬，早已遠颺。因此匪軍對於這個安南民團，既驚且恨，雙方戰鬥，從此更趨激烈。

自此以後，上述這些河南省民間反共武裝，處境當然是更艱苦，但其潛在的力量仍然為共匪所耽憂。共匪最怕的就是這一類反共的真正人民力量。「逐鹿中原」這句古話，誰失誰得？不久即可分曉。

試再舉山東之一例。從大陸淪陷後撤退來臺的將領之一，有一位「山東好漢」高芳先，在「七七」事變那年做過青島市的保安總隊長，他拒絕了敵人的誘惑，把青島的設施加以破壞，從日寇艦砲轟擊下帶起「青保」走進嶗山，展開游擊戰，吃盡了苦頭，在抗戰勝利後回到了青島市。

直到整個華北失陷，青島成為孤懸的點，因為補給不易，國軍劉安琪部奉令撤出，高芳先忘不了他的「青保」，還是要再上嶗山，但經劉安琪將軍一再勸止了。但他對嶗山那塊抗戰聖地的愛護是熱烈的，就把從先跟他的舊部李協華派上嶗山，一直到後來，這個高芳先化身的李協華幹得使「降將」吳化文都不得不送糧食給他吃。

撤出青島後，高芳先上了海南島，後隨劉安琪將軍入臺。這位「山東好漢」兼「游擊英雄」有一位賢內助，幫助丈夫在嶗山打游擊。在山東，這位高太太的大名並不減於王八妹之響亮，現在是靜靜的伴丈夫作一名家庭主婦了。

高芳先率領的即是一支與眾不同的隊伍，家族氣息非常濃厚，有點像岳家軍和戚家軍，官兵之間沒有距離。師長認識每個兵，每個兵認識師長。山東聖人的禮教傳統把他們親熱的凝結在一起。

赤魔屠殺狂

如今提供資料的一部分轉到匪情方面，藉以換換讀者的胃口。

在共匪侵佔中國大陸前後約一二年期間，關於匪情的綜合報導，試分政治、經濟、教育三項，扼要敘述如次。共匪的內幕，是不讓外面人知道的，就是他們內部的人也常常被蒙在鼓裡，所以叫做「鐵幕」。但，共匪在侵佔大陸前後一二年間的「表現」，也可看出一些「關不住的秘密」。

共匪在政治上主要的措施，首先是所謂「土改運動」。這一「運動」的目的，乃在消滅他們所指的地主階級和富農階級，發展民兵和鞏固共匪本身在農村中的極權統治。他們本來可以用和平手段來達成重新分配土地的目的，但因他們的真正目的是要藉「土改」去消滅農村中的一切反對勢力，所以就不能採用和平手段，因為和平的手段只能分配土地，不能挑撥農民間的階級仇恨，而必然要沿用他們的過去煽動農民來仇恨地主與富農，製造階級鬥爭的手段，透過「清算」、「肅特」、「反惡霸」、「退租」、「退押」、「鬥爭」、「公審」等方式，不但沒收了地主富農的全部土地財產，最後還必置之於死地，所以在「土改」中被捕殺的地主等，數字是驚人的。例如福建泉州地區，三十九年二月間第一期土改中，逮捕了八百多人，殺了四百多人。石馬縣自一月到四月，逮捕了五百六十三人，殺了三百多人。據共匪的統計：中國地主佔全國農民人口百分之三，應為一千三百餘萬人，這也就是說明共匪要把一千三百多萬龐大數字的地主等置之於死而後快。

在消滅地主惡霸的同時，共匪為建立其自身在農村中的極權統治，又發動貧僱農及中農組織農民協會，透過這個組織使整個農村歸其控制。據劉匪少奇三十八年六月在共匪政協會議上的報告：華東中南兩區在「土改」中即達到了二千四百萬農民協會的會員，約一百萬民兵，鄉村政權經過改造的有三萬八千多個。又據劉匪的另一秘密文件：到三十八年六月，大陸業已完成「土改」的農業人口達一億四千五百萬，尚未完成「土改」的農業人口約二億六千四百萬，計劃同年冬季在約一億農業人口的地區進行「土改」，其餘一億六千四百萬農業人口的大部分地區，在三十九年秋後進行「土改」，小部分則在次年秋季進行「土改」。可見共匪的「土改」，在大陸侵佔的當時還只是一個開端。

和「土改」平行的，是共匪在城市裡發動的所謂「鎮壓反革命份子」的運動。共匪所謂「反革命份子」，包括資本家、知識份子、士紳、宗教人士、幫會、滯留在大陸的國民黨、民社黨及青年黨的黨員、國民政府時期的工作人員、以及地方團隊幹部、鄉鎮保甲等等。共匪偽政務院於三十八年七月二十五日發佈「關於鎮壓反革命活動的指示」，公開進行屠殺。三十八年冬季，共匪偽公安部秘密通令全國實行「冬季鎮壓」，對所謂無法改造者一律處死。例如當時上海提籃橋監獄，每日平均有十人到二十人被殺。廣東軍區，三十八年十二月份，共殺了五萬五百零二人，同月廣西省殺了五萬九千八百一十人，福建省殺了三萬五千人。三十九年二月二十二日，共匪為了擴大屠殺，並給予其幹部在進行屠殺時有「法律武器」作根據，又發佈了一道「懲治反革命條例」。這一項條例範圍之廣，是規定「溯及既往」，比較前一年頒佈的「鎮壓反革命辦法」更為變本加厲。

共匪發動這一「屠殺運動」後，到三十九年四月底止，據調查所得比較正確的數字，在湖南是殺害了三十萬人，福建二十萬人，浙江十五萬人，江蘇十五萬人，東北九省十五萬人，山東八萬人，上海六萬人。進行這一「屠殺運動」的辦法，則是用「控訴」、「檢舉」、「公審」等方式，由偽公安局以各種「公審反革命份子大會」、「懲治反革命大會」、「鎮壓反革命廣播控制大會」，以及「各界人民貫徹執行懲治反革命條例動員大會」等名義發出通告，號召各機關學校團體區街人民，根據預行製定的材料，舉行所謂「反革命份子罪惡控訴」，例如蕪湖一地，三十九軍自四月十三日到月底十七天內，便舉行了一千多次控訴大會，被迫參加控訴的共十三萬六千多人，佔該市人口百分之七十。

這些都是說明大陸淪陷後隨即遭著萬惡的共匪的極端暴行，不知冤枉死了多少人。

敲精吸髓

共匪在政治上厲行「土改」和「鎮壓反革命」，在經濟上便是用各種方法把全國民間財富集中到自己手裡來，造成在經濟上壟斷一切的獨佔地位。換句話說：即妄想為著鞏固偽政權而奠定經濟的基礎。

共匪重要的所謂「經濟措施」，是徵糧、公債、稅收、捐獻、及工商業的壟斷與管制。

徵糧就是舉辦農業稅。三十八年，共匪徵糧收入佔總收入百分之四一・四，三十九年約佔總收入之一半，這是他們財政收入的主要來源。以一百五十一斤為起徵額，用累進辦法計算。普通一般農民的全部收入要被徵去一半以上。對於地主在「土改」以前的措施是有時竟超過其全部收入以上的徵取。據一個秘密的統計：三十八年共匪徵糧總額計大米二百二十餘億斤，小米二十億斤，麵粉三百億斤。

其次，共匪為彌補財政赤字，平衡收支，三十八年分兩期發行公債兩億分，每一分約以美金一元計算，強迫人民認購，一般工商業及富戶被攤派的數字，有佔全部資本或家產百分之七十以上的。

又值這一年百業蕭條，各地因無力繳付債款而自殺的有一千四百餘人，逃亡港澳的在七千人以上，但共匪竭全力推銷公債的成績，也只完成了一億七千餘分。

共匪另一個財政主要收入的來源是稅收。三十八年一年，共匪各項稅收佔其財政概算總收入百分之三八．九，約合銀元二十六億五千餘萬元。收稅時，採用所謂「自報查賬，依率計徵，民主評議與定期定額三者相結合」的稅收方針，而稅收人員的「偏差」，又給納稅人民帶來了不少額外的痛苦。至於稅目之繁多，稅單之奇重，卻還要「超額完成」。

以上徵糧、公債、稅收，是共匪集中霸佔民間財富、維持龐大開支、建立獨佔經濟的主要手段，另外還有一種補助手段，就是「捐獻」。他們最會假借各種名義，如「支前捐獻」、「抗美援朝」、「救濟糧」、「反日本締約」等等名目，來強迫人民不斷供獻糧食、柴草、衣服、鞋襪、慰勞金，及購飛機大砲等等。這種捐獻，常常達到可驚的數字。以支援韓共與在韓偽志願軍為例：人民被獻去的慰勞金為人民券四百三十八億元，慰問袋五十三萬二千餘個，慰勞品七十一萬二千餘件。上海一地的醫務人員，截至三十八年十二月二十四日止，獻出盤尼西林二千零三十四瓶，及藥品代金二千一百十六萬元。在京滬一帶發起的各機關公務員與學生的所謂「獻彈獻鐵運動」，每人捐手榴彈一枚，折繳代金人民幣五千元。每一學生須獻一粒子彈，折合代金一千元。隨後又發起什麼全國性的「捐獻飛機大砲運動」，敲精吸髓無所不用其極。

極權政治和獨佔經濟是分不開的。共匪正為鞏固他們的極權政治，所以拚命著手建立獨佔經濟。在這一方面，共匪的措施是：一、獨佔工礦業，把一切有關經濟命脈的重要工礦事業、交通工業，收歸「人民政府」獨佔經營。二、嚴格管制私營工商業，對私營工廠的開業停業及生產狀況、資金動態、勞資關係、發展動態等加以嚴格管制，產品的價格、數量、標準由「人民政府」規定，原料由「政府」配給，依照「政府」的要求進行生產。三、壟斷市場，在「計劃生產」的口號下，控制各種原料和銷售市場，並組織各種合作和貿易公司做直接控制市場的工具。據三十九年四月底以前的共匪秘密資料：全國合作社在農村中有三萬四千個，包括糧食、花紗布、百貨、鹽、煤、豬鬃、茶、進出口等項，經營單位有四千三百多處，工作人員超過十三萬人。四、嚴格管制金融物價，禁止金銀外幣流通，外匯外幣由「國家銀行」統一經營，一切銀行業務由「國家銀行」壟斷，對私營行莊壓制增資，並課重稅等迫其自行倒閉。對物價則實行限價政策，硬性壓低物價，並規定一切批發交易均須在「法定市場」內成交。

這就是共匪的經濟壟斷。這種經濟上的壟斷，完全是靠極權政治和軍事的壓力來實行的，總有一天，共匪的經濟崩潰就是政治崩潰和軍事崩潰的暗號和前奏。

00即零陵

上海淪陷，這一個遠東的大都市，就首先遭遇了共匪在教育上的摧殘。實際上不止上海一隅，大陸各地的正規教育，統統被共匪破壞無遺，現只舉出上海一地為例證。

共匪一侵佔上海，便開始廢止正常教育，專搞所謂「補習教育」與「職工訓練」。上海原有七個補習學校都改為業餘補習學校，另成立所謂聯合機關學校及業餘高級技術學校。前者為上海市各局工作幹部勤雜人員而設，重在訓練各局下級職員與工役，以監視其他留職人員；後者除本校外另有分校七所，分為各種不同的學科，如染織職工、五金職工、化學職工等等，專門吸收各業中的工人及低級職員，以便於受訓後來與廠主鬥爭，進而把握廠內工人，起「帶頭作用」。這一類的學生有三千五百八十人，經費純出於各同業公會，或某些廠商。

上海正常教育的中小學，共匪初來時尚未見有若何的騷擾，不過有一特點，即任何一中小學乃至民眾教育班，都派有所謂「政治教員」，這些人當然是匪幹，他們在學校中根據「上級命令」常常舉行若干種不同的會議，如「月報」、「教職會議」、「三大文獻學習」、「學習成績測驗」、「民主評分」、「教職員工作會議」、「學生學習態度教育週」、「星期政治常識講座」，外加「上課準備」、「觀摩教學」、「制訂制度」，名目繁多，不下數十種。一句總話，就是向青少年「洗腦」。

共匪自介入韓戰以後，在教育界一直高唱著「我們怎樣在教育戰士中教育自己」，到侵佔大陸後，於是發表他們所謂在教育上的「兩重使命」：一為政治學習，二為配合戰事。一切匪偽教育方針和教學內容，都針對這兩點。舉幾個例子來看吧：

一個匪政治教員提出對於「美」字和「野」字的教學法。經若干學校教員的提示，都認為美就是美麗、美好、幽美等，而野字則為粗野、野蠻、野外等，但最後討論的結果，是服從「政治教員」的「高見」，經宣佈「美」字教學，應當解釋為「美國帝國主義」，「野」字解釋為「打野外」。再如小學的數學教本四則題的加減乘除文字題，都被限令採取與時事有關者，如「排長分子彈」、「地主某甲侵佔人民利益若干年共為若干元」等等。再則就是勒令中小學生學習共匪杜造的簡體字，其例不勝枚舉，如「００」即代表湖南的「零陵」縣。

在所謂「時事學習」中，有「演習韓戰」的一課，以上海斜土路為三八度之分界，斜土路以北的學校學生扮演為韓共及共匪，而以斜土路南各學校學生扮演為「李政權」和「美帝」，於是實行「戰鬥」，用木棍、石塊等為武器，一直戰到「李政權」與「美帝」退入黃浦江，是為共匪的大勝利，押解斜土路南的學生作為擄獲的羔羊，弄得那些可憐的青少年哭哭啼啼。

對於歷史事實的翻案，普遍實行。例如上海的小學歷史課本第二冊第十二課上，課題為「李自成」。有一個「政治教員」馬精武所提的教育法被通令採用，計分：一、中心內容：①明末人民生活情況，②李自成起義原因及經過，③李自成失敗原因及經驗教訓。二、目的要求：①糾正過去對李自成錯誤的看法，②使兒童明瞭明末人民生活的痛苦，③使兒童明瞭李自成起義原因及失敗的經驗教訓。就其以下所提示的演講大綱與問題解答，共匪純以李自成為「無產階級的救星」，其「起義」是完全接受人民之支持。關於李自成之嗜殺，則辯稱為「革命」應有的行動。對於李自成的失敗，則又謂脫離了人民，或鎮壓反動的力量不夠。由於這類翻案的教學，所有以前我國歷史上的好人都變成了壞人，壞人都變成了好人。例如偉大民族英雄的岳飛便被斥為「人民公敵的戰爭販子」，而賣國奸賊的秦檜則被尊為一千年前的「和平天使」。反賊李自成既變成了好人，黃巢自然也變成「義士」了。

賭徒現形記

順便談談幾個匪酋的小事：

毛澤東有一個口頭禪，每當他和他的「同志」談天時，對於每一個問題，是會常常提出「攤牌」二字的。從武漢分「共」，而江西突圍，而政治協商，而國「共」和談，而「軍事渡江」，而參加韓戰，毛酋的「攤牌」，顯然已有若干次了。

毛酋為什麼這樣喜歡「攤牌」呢？這就由於他本人的天性，喜歡賭錢，他實在是一個不折不扣的賭徒。他雖認賭博為有閒階級的消遣品，但他認為政治的本身就是賭博，所以要把賭場中的戰略，運用到政治上，而這戰略，即以大吃小，以少勝眾。

當毛酋在湖南第一師範畢業，並在長沙發動過一個時期的學生運動和工人運動以後，便回到他的故鄉湘潭，做農運。這時，毛的所謂「農運」也不過是一種賭博。毛本來是一個大家庭，但當他出世以後，便快要破產了，然而每年還能收到三四百石租穀，所以他仍然是一個地主。湘潭號稱「小南京」，賭風甚熾，農民在秋收後，在地主領導下，發起盛大的燈會或演戲，各鄉的農民集中縣城，大量的參加各種賭博，這本來不過是地方上的一種習俗，然而在毛酋的眼光看來，卻是最佳的「群眾路線」。因此，便抓著農民愛好賭博的弱點，經常引致一班中下級農民，在家中賭錢，無論骨牌、字牌、麻將等等賭具，應有盡有。字牌即紙牌，湖南有一種特殊的紙牌，叫做「跑和子」，毛酋更嗜好打跑和子，而且打得很精。他即從賭博中觀察某一個農民的生活、思想和行動，認為確實可以吸收入匪黨，便秘密的吸收了。這樣，便把他的「農運」由湘潭擴展到長沙、湘鄉、衡山、寧鄉，等到進行減租減息，被地主們發覺，被當時的湖南省長趙恒惕下令逮捕時，毛已經悄然逃往廣州去了。國民革命軍的北伐軍由廣州到了武漢，毛酋過去在湘南的賭友，大部分做了農民協會的委員長或委員，在「有土皆豪，無紳不劣」的「革命空氣」下，毛在暗中操縱著，這時對於賭博，似乎不大感覺興趣。可是當他回湘視察「農運」，走遍湘潭、長沙、湘鄉、衡山、寧鄉等地，與一班賭友見面的時候，便情不自禁的又玩起賭錢來，並且揚言：「革命就是這麼一回事，把賭博運用在工作上，不但可以掩護敵方的視線，還能發展組織。要懂得賭博，才能使農運更進一步。問題是始終要攤牌的，要看我們的牌，怎樣攤法？」於是，賭徒們在毛酋的號召下，繼續過去的「革命精神」，終於產生了有名的「馬日事變」。

武漢清黨了，軍警正在出動包圍「共匪中央」各機關，毛酋卻正在武昌私邸和幾個「同志」大打其牌。突然有人報告：「毛澤民被捕了！」那幾個「同志」大驚失色，獨毛表面假裝鎮定，但急問道：「澤民帶了錢沒有？」來人說：「帶了三千元。」毛聞言，像是放心了，說：「還是打牌吧，打完了再說。」一直到勉強打完，毛忍不住立即立起來，說：「走了！走了！我們走了！」（按：毛澤民即毛酋的弟弟，在「共匪中央」機關擔任經濟工作。）

當時有人問毛酋：「何以知道澤民沒有問題？」毛答：「澤民雖無多大辦法，但，懂得賭錢和用錢，看到有人來捉他，自然會拿出錢來使用，捉的人得人錢，還要捉他做什麼？」說完，即匆匆自後門出，迨軍警趕至，毛已從武昌間道入岳陽，轉平江、瀏陽，又發動農民暴動去了。而毛匪澤民呢，果以所攜之款，賄賂追捕者得免。

抗戰結束，毛酋曾一度來重慶，已如前述，起程時，自忖決不會生還。抵渝後，除激賞厲家班外，對賭博仍是興高彩烈，因為這又是他一次「攤牌」的好機會。當時參加「方城戰」的人物，為匪方《新華日報》人員及旅渝一部分比較接近毛酋的湘人。毛曾於一陣打牌之後，向寧鄉人的賀貴嚴（耀組）說：「四爹！（按：湖南人尊稱前輩為爹，賀行四，故云。）我講什麼主義呢？還不過是替湖南人出口氣而已。」這當然是極盡挑撥離間之能事，短短幾句話，勝如贏了一筆大資本，輕輕的打中了「賀四爹」的心坎，直接間接做了以後賀耀組、程潛等投匪的張本。毛酋慣用這種卑劣的手法，如易禮容、朱學範等都是因為和毛酋打過牌的關係而被拉入匪幫的。

匪酋的淵源

匪酋朱德發跡得很早，在民國元年他已經做了雲南的警察廳長，朱培德和金漢鼎都與他同時。蔡松坡在雲南起義的時候，朱在蔡部下當旅長，袁世凱派人去運動他，送他五十萬，叫他倒戈，他沒有接受，乃是由於蔡松坡的精明，他不敢異動。

民國十六年五月間，朱酋到南昌，任公安局長。他已是在十幾年前做過警察廳長的，這次他認為太受了委曲，而且當時江西省政府主席朱培德就是他的老同事，如今他變成了朱培德的部下，心裡極度不安與抱怨，所以他不久便導演了一幕「南昌暴動」的悲劇。其實，朱培德對朱德是念舊情的，對之很借重。後來且有人說朱酋是朱培德一手培植起來的，而有一副帶著譏諷性的幽默的對聯：「朱培德，培朱德，缺德；張學良，學張良，不良。」北方人說沒有陰功叫缺德。此聯曾流傳人口。

「南昌暴動」失敗以後，朱酋便由公安局長而成為「紅軍司令」了。當他在井岡山的時候，朱培德派了第九師師長楊池生、第二十七師師長楊如軒去打他，兩楊的宣傳隊，到處貼著「打倒朱德！」的標語，後來朱酋部下來了，便把「朱德」兩字的中間，加上了一個「培」字，於是這標語就成為「打倒朱培德！」兩楊的部隊來的時候，又把「培」字塗去。如此反覆的塗改，朱培德終於被調任了。

朱酋為什麼會和毛酋結下不解之緣而成為一般人叫做的「朱毛」呢？彷彿「朱毛」就是一個人，姓朱名毛。本來，朱和毛是不在一起的。武漢分共以後，毛酋在湖南策動「農民自衛軍」，朱酋則在江西參加「南昌暴動」，任第九軍軍長。但是當時的第九軍，實際上只有兩連衛隊。葉賀南征軍在豐潤失利的時候，朱酋同周士第的第二十五師，留守在三河壩，被粵桂軍打了一場敗仗，朱酋就率領了約莫只有一團左右的殘兵，由東江轉戰到北江，那時范石生駐紮在韶關，朱與范原本同是滇軍老將領，於是范就收編了朱的殘部，每編成了教導團，仍委朱為團長，駐在坪石。民國十六年冬天，正當「廣州暴動」的時候，朱酋在坪石也來一個兵變，不僅自己統轄的一團變成了「共軍」，還煽動別的一團人同跑了，還繳了地方上許多槍枝，居然也有五六千人槍之多。

朱酋發動了坪石兵變以後，就率領變兵開到湖南，坪石原是接近湘境的。朱酋就在湖南的汝城、桂東一帶，展轉打游擊。這是朱德為匪的經過大概。

而毛酋呢？在寧漢分裂的時候，還在他的老家湘潭。寧漢分家以後，毛酋在湖南不能立足，迫不得已，只好起而號召匪黨，率領「農民自衛軍」二千餘人，開始打起游擊來，由湘中到湘東，再由湘東到江西。恰巧那時張發奎的警備團被解散，團長盧德銘率領被解散的一團人，在江西轉戰，與毛酋的「農民自衛軍」相遇，後來，盧戰死，毛乃合併其部隊，得槍四千餘支，後來又收容了二十六師七十七團的一部分變兵，勢力才漸漸雄厚起來。

當毛酋在江西收編七十七團殘部的時候，恰巧朱酋也率領所部，由湘南游擊到江西來了，乃與毛部會合於蘭山。兩部合併以後，約共萬人左右，遂編為「紅軍」第四軍，以朱酋任軍長，毛酋任黨代表，這樣便成了「朱毛」。

「朱毛」已成為共匪的頭目，他們在國際路線上是堅決的「反美」。共匪為什麼反美？反美的真因在那裡？值得一提。

自從匪軍於民國三十七八年先後侵佔了長春、瀋陽、平津、京滬以後，反美的情緒更是來得特別熱烈。例如軟禁美國駐華的外交人員，停閉報館驅逐美國記者，壓迫美國在華的一切工商事業，毆打美國駐上海的副領事，封閉美大使館的新聞處，等等動作，真使「山姆大叔」太難看了。韓戰發生以後，共匪反美愈達高潮，再由高潮達到了頂點。看來共匪和美國，簡直成了生冤家、死對頭。一直到今天，共匪所發動的反美運動，正方興而未艾呢。共匪這樣的徹頭徹尾的反美，最奇怪的是美國何以至今還遷就它？美國中的少數政客和什麼學者還不停的在替共匪打氣，這究竟是一套什麼的想法？真令我們百思而莫得其解。

恨留美學生

共匪為什麼這樣的反美呢？惟一的解釋，固然是由於當前國際間的兩大陣線，壁壘森嚴，美國領導著其他民主國家站在一邊，蘇聯及其衛星國站在相反的另一邊。這兩大集團的對峙，使世界上的國家，不入於楊，即入於墨。共匪的匪酋毛澤東既已一再聲明他們是十足的「共產黨」，而不是一部分美國人所想像的「土地改革者」，一旦世界大戰爆發，共匪是要與蘇聯比肩作戰的，共匪的立場既然這樣分明，則其向蘇聯一面倒而反美，並不為奇，可以說是順理成章，在事實與邏輯上，當然是一定的結論。

但有一點值得注意：共匪之公然反美，實在美國發表對華白皮書以後，才更明朗，更激烈。這是什麼原因呢？世人多對此一點沒有注意，或疏忽之，但此實為涉及國際間的一段秘辛。國人但憤於美國白皮書對華過分指責，而尚沒有注意到白皮書的外在因素多半是對付蘇聯的。美國從未像白皮書中那樣直接了當的攻擊過蘇聯，而且在白皮書中揭發共匪是蘇聯侵略的爪牙，並且懷疑共匪對一百年來中國所發生的土地難題能有所改革，似乎業已知道：從前以為共匪是土地改革者的受人愚弄而加以重新認識。所以白皮書明是對華，實是對蘇聯和共匪，所謂「指桑罵槐」，名為警告中國，實是對蘇聯和共匪攤牌。蘇聯到這時候，才明瞭美國的真正態度，於是除它自己加強冷戰外，並支持共匪的反美。而美國呢？為了有效的制止蘇聯吞併遠東，擾亂世界，就必然要變更遠東政策。白皮書發表於準備締結太平洋聯盟之時，是寓意著美國抗蘇防共，已由棹面上的計劃時期移轉到行動的開始，可歎的是「山姆大叔」們意志不定，處處落了蘇聯之後（惟一沒有落蘇聯之後的是在筆者寫本文的一九六九年美國太空人首先登陸了月球），太平洋聯盟還沒有建立，而共匪已有中國大陸了。

這是共匪為什麼反美及怎樣開始積極反美的內因。還有一個不大重要的原因，也間接幫助了共匪反美的聲勢，就因共匪匪酋們及其同路人的一些頭目都不是美國的留學生。其中除了毛澤東、董必武、林祖涵、林彪、賀龍、徐向前、蕭克、陳賡，乃至蔡廷楷、李濟深、沈鈞儒、張瀾，這類土氣息很重者外，其餘都是留蘇、留德、留日，而絕少留美的。例如吳玉章、徐特立、周恩來、陳毅、聶榮臻、李維漢、李富春、蔡暢、鄧穎超、彭學昭等，以及已死的王若飛、趙世炎、蔡和森、向警予等，都是留法學生。陳紹禹、張聞天、李立三，以及已死的秦邦憲等，都是留俄學生。成仿吾、郭沫若、李達、田漢，以及已死的李大釗、周樹人（魯迅）等，都是留日學生。朱德、徐冰、章伯鈞等，都是留德學生。這些人既然先後附共了，為著痛恨留美學生如孔祥熙、宋子文等的當權，不但反對國民黨，連美國也一齊反對了。

試再換一個方向看，共匪和蘇俄的勾結，已到了一個怎樣可怕的程度。匪酋毛澤東和周恩來曾經先後到莫斯科訂定「中蘇密約」的內容，至今迄難證實其「秘」到什麼程度，但據某一重要國際權威人士的透露，蘇俄向共匪提出的驚人條件，最重要的有三點：一、完全控制旅順、大連、青島、威海衛、煙臺、海州、秦皇島七個華北的港口。二、要求供給五十萬名港口警衛隊交由蘇聯使用。三、由蘇聯供給大量軍用品以攻臺灣。

史大林覺得這樣一個碩大無朋的橫跨歐亞的國家在太平洋上只有一個並不理想的暖水港的海參威，使彼得大帝的「雄圖」受了嚴重的阻礙。所以對於毗連他們的中國的良港，特別是能夠負起控制太平洋的港口，亟圖染指。旅順和大連是在一八九八年三月二十七日被迫租給俄國的，到一九〇四年二月十七日，日俄戰爭爆發後，卜資茅斯和約又把俄國已經吞在肚子裡的肥肉吐了出來。這一次的「吞吐戰」也說明了中國重要港口對太平洋國家的重大價值。二次大戰結束，日本戰敗，本來中國可以收回所有的失地，而蘇俄又仍然捧出四十年前的老課本，攫取了旅、大。現在更要進一步的將華北重要港口全部吞進肚子裡。

和蘇俄勾結

從地圖上可以看出克里姆林宮這個無比的陰謀：秦皇島位於「一夫當關、萬夫莫開」的山海關，從關內的要港來扼住整個華北。同時，自旅順至青島的航線二七五哩，大連至煙臺九十里，揑緊山東半島，控制整個渤海灣，作為四百艘潛艇鑽進太平洋的大本營。自華北港口起，經由千島群島、庫頁島、海參威，而至堪察加半島的貝特羅巴太羅夫斯克(Petro Parlarok)，作為海軍的進襲基地。一旦世界第三次大戰爆發，在海空軍聯合作戰下，就可以首當其衝的包圍阿拉斯加，擊碎太平洋的右翼前哨保壘。

再看太平洋防務第一道防線的威脅吧：大連至韓國的江華灣僅二八七哩，至日本門司六四〇哩。青島至江華灣三二五哩，並可直接或繞道至東西朝鮮灣。加以英國四萬五千噸的威爾斯親王號時速二十二哩計算，則華北港口發動對南韓的進攻，僅需十三小時即可加入戰鬥，對日本的進攻，僅需一天時間即可加入戰鬥。只因蘇聯尚未及完全控制華北諸港而已面臨朝鮮戰事的爆發，遂命令共匪由北路介入，同時就以此舉來掩蔽南路的佈署，加緊經營華北港口的裝備。

蘇俄派到共匪的華東華南指揮官是西蒙可夫的集團。另有一個對海洋作戰富有經驗的米列茲科夫，擔任共匪部隊的最高軍事顧問，此人遠在日俄戰爭時曾任俄軍遠東第一線司令兼沿海軍管區司令，二次大戰後又出任北韓俄軍司令官。他的重大任務，就在怎樣替他的「祖國」在中國建立重要的海港基地，以便在大戰中控制太平洋的形勢。

看以上的形勢及經過，共匪對於這個驚人的「密約」像是已經完全接受了，至少也已接受了一大部分。即此一點，美國不看在中國的面上，不看在整個太平洋的形勢上，連自己生存的關係難道都不管了嗎？執行遠東政策的美國外交官和號稱遠東問題專家的政客學者，應該知道取捨了。

俄帝與共匪勾結之另一不可恕的罪行，乃在俄帝扶植共匪在我國東北的力量。日本宣佈無條件投降時，我軍右翼兵團方進至德化以南地區，但為求與中共匪軍取得聯繫，不顧盟軍總部停戰命令，繼續前進。在張北與共匪會合後，復以騎兵掩護匪軍進佔張家口。張家口係日本所謂控制內蒙的中心，儲備軍用物資極多，遂為匪軍聶榮臻、賀龍、林彪等部全部繳收，共匪聲勢為之一振。

俄軍中央兵團佔領承德後，掩護匪軍李連昌部乘隙竄入熱河，匪軍林彪所部也從察北經多倫、赤峯進入東北，太行山區匪軍復分批東竄，沿途裹脅，實力膨脹至為迅速。其他匪軍，都由俄帝一手扶植，奠定了匪軍在東北的軍事基礎。而且，當俄軍左翼兵團進入東北後日軍不戰而降，軍用物資全被俄軍繳收。俄帝即以這一批驚人龐大數字的裝備和補給品盡予共匪，計開：飛機九百二十五架，坦克車三百六十九輛，裝甲車三十五輛，野砲一千二百二十六門，機槍四千八百三十六挺，步槍三十萬枝，無線電機一百三十三座，汽車二千三百輛，拖車一百二十五輛，騾馬一萬七千四百九十七匹。此外尚有日軍繳出的全部補給站和倉庫存儲，包括野砲一千四百三十六門，機槍八千九百八十九挺，擲彈筒一萬一千零五十二具，卡車三千零七十八輛，馬十萬四千七百七十七匹，補給車二萬一千零八十四輛，特種車八百一十五輛，指揮車二百八十七輛。我國政府曾提出嚴重的抗議，俄帝不理。

俄軍佔領東北後，盡量扶植共匪的武力，以劃分地區方式，長春以北由「華籍紅軍軍官」負責，長春以南劃定供共匪部隊的發展。此外，除協助共匪就地收編偽滿洲國遺留的各種武裝部隊外，並代為訓練軍事專門人才，並設軍事學校，其中如佳木斯、齊齊哈爾、與俄境的伯力，則為訓練共匪空軍人員的中心。又在東北徵選大批青年學生，送往俄境史巴斯巴接受海軍及水陸兩棲作戰訓練。

所以以後到大陸戰局逆轉時，在東北的匪軍林彪部隊有舉足重輕之勢，就由於俄帝全力扶植共匪的淵源。反共抗俄，是我們中國人責無旁貸的一貫的任務。

鎩羽回來了

老友羅敦偉先生對於當時誤國的「和談」經過有詳確的追記，已如上述，我現在只加寫一點點，作為談助。

在匪軍渡江前，「上海和平使節團」邵力子、江庸、顏惠慶、章士釗，率領隨員一行，逕飛北平，彷彿這一去就可以敲開「和平之門」的，國人對他們也多少寄以期望。我那時正在上海，親眼看見他們的興高彩烈，而且其中除顏惠慶為我所不熟識者外，邵、江、章三人我都熟識，特別是江庸與我家有深邃的淵源，在我另一本集子裡講到我的家世時曾提及，我一向稱江庸（翊雲）為「江大哥」，他稱呼我父為「五叔」，我叔為「六叔」。在這個使節團將出發前，我以新聞記者及雜誌主編人的身分，曾訪問過章、江兩次。章士釗（行嚴）為同鄉長者，我遠在北大讀書時就認識他，而且在他主編的《老虎雜誌》即《甲寅雜誌》上寫文章。

民國三十八年二月十三日，中央航空公司**XT**五三七號飛機，於下午二時十分，載著這個「上海和平使節團」在青島機場降落，從上海飛來。機場上寒風如虎，積雪未消。北方的雪下了就不溶化，慢慢的被寒風吹乾為止。積在地面的雪，多已凍成類似海綿的冰體。

他們宿青島一宵，住在前德國青島總督的官邸。此屋全部仿德國皇宮，俗名「提督樓」，就等於以前日治時期臺灣人士口中的「總督府」。官邸前有一石椅，可直望海口的船舶出入。以前這位德國總督因靡費公帑，被參回國，建築剛成，竟來不及住入，頗為怏怏，以後改為「迎賓館」。這晚，章士釗和他的一個秘書詩人潘伯鷹有唱和詩兩首：章士釗的詩是：「月林清影此邅廻，海道經過又一回。地入青徐生霸氣，名高齊魯養雄才。指頭百鍊鋼如故，胸次千層雲乍開。深屋高談過午夜，登壇鷄喚一聲來。」就詩論詩，章這首詩比後來所作如所謂「居然吾郡成豐沛」要好多了。

潘伯鷹在上海有些文名，他隨使節團當秘書，人稱為「翩翩書記」。他的詩是：「靜極虛廊月轉明，何方孤島訊田橫？傾懷碧海疑同瀉，入夢瓊花儼對生。左計廟堂餘綜覈，霸才亭館有悽清。春寒特地驅風吼，待揭重簾恐手輕。」在這詩裡就有感慨和牢騷了。

十四日上午十一時起飛，下午四時抵北平。邵、江、顏、章四人即赴六國飯店，隨員住第一賓館。下機時，他們以為會有匪幫要人們來歡迎，卻冷冷清清的只派來了幾個不相干的人員來照料，而且當晚只派招待人員餉以款待普通客人的晚餐，有海參、魚蝦及酒。其後隨員一部也搬入六國飯店。所住房間相聯，房內用具齊備。各房間門門相對，中間是一條鋪有絨毯的甬道，其號碼如下：黃啓漢三三二號，傅樹蒼三三一號，焦湘宗三三〇號，龔安慶三二九號，邵力子三二八號，章士釗三二七號，金山三二六號，為一排。顏惠慶三二一號，江庸三二二號，張豐胄三二四號，為另一排。顏惠慶隔壁三二〇號房間則為共匪招待人員所住，外面表示招待的熱誠，骨子則為監視。

邵力子帶的行李最簡單，經常在章、顏、江各人房裡集談，除卻午飯後他偶爾回房休息一下，以及晚間睡覺外，整天這一房間是空著的。邵力子那時似乎就已經負了匪方的秘密使命來說服上海同來的那幾個著名的老頭子，所以他一人獨忙。顏惠慶所住一室側面一間小一點的房子，則住著他帶來的隨身侍候的醫生。章和江則有時談談詩，解除客旅中的愁悶。匪幫要員來這裡看看的，只有一個葉劍英，來過兩次，對這批「貴賓」表面上尚屬「客氣」。早點和兩餐也還豐盛，中西餐隨便點喚。章、江兩人煙癮很大，在上海吸的香煙是很平常的牌子，到北平反而抽到英美最名貴的香煙。據該團一團員回上海時的透露，那個負有「監視」使節團的匪徒，說到他們的「主子」毛酋，平日香煙不離口，而所吸的卻嫌「英帝煙」平淡不夠刺激，專抽濃烈的「美帝煙」，打火機則用英國貨。

訪問這些所謂「和平老人」們的自然很多，但匪幫除葉劍英一人外，只有一些所謂「高級幹部」，其餘就是許多牛鬼蛇神的「民主人士」，包括各大學教授及匪方的新聞記者與文化人等。匪方北平市長葉劍英於二十日在東興樓設盛宴款待。但是，就是這樣飽吃了一頓，「上海和平使節團」便黯淡的鎩羽回來了，無聲無臭的死寂了。

單選愚人節

「上海和平使節團」不過是民間團體，繼起的是政府所組織的「和平代表團」，於民國三十八年四月一日乘天王號專機由南京飛往北平，所謂「愚人節」開始「和談」。

這個代表團連同顧問秘書速記電務等共計二十餘人，這二十餘人中湖南人竟佔了七位，而在匪幫被派招待「貴賓」的湖南人也不少，因此處處可聞湘音。

到北平的當天被接待住在東交民巷的六國飯店，和招待兩月前來的「上海和平使節團」一樣。三年前，馬（歇爾）、張（治中）、周（恩來）三人小組來北平視察，也住在這裡。然而到這次「政府代表團」的蒞臨，景物依舊而人事全非了。這座巍峩宏壯的四層大廈，據說創造在數十年前，店內所有的陳設及器具等等，大半購自法國。樓下的酒吧間、大廳堂完全是古典式的西洋風味。樓上三層大小有兩百多間臥室，而每間都有完整的水電衛生設備。幾經變亂，這家大飯店的財產是屬於英國籍的某財東了，經理則是一個瑞士籍的中年人。這古老的旅店親眼看見中國的許多變亂，飽歷滄桑。進進出出的也不知有多少達官貴人和「風雲人物」，也就是變亂中的主角兒們。因此，當你踏進旋動中的玻璃大門時，在旋轉的晶亮的影子裡就好像已顯出一幕一幕過去變亂的情景，然而今天這豪華而古老的酒店似乎變得有些奇特而離譜。因為今天進進出出和在這旅店裡叫得開的，不是洋服華履的紳士淑女，也不是長袍馬褂雍容華貴的遺老貴族，更不是金星輝煌的接收大員，而是一些布衣粗服土匪型梁山式的土包子，像這些人，在以前連東交民巷的巷口也不敢窺伺的，因為這裡是使館區、禁地，是一個特殊的區域，時代的變亂才驅使著這一大堆土包子躍登「天堂」而得意忘形。

在故都，和六國飯店比美而稍遜於六國飯店陳設的還有一個北京飯店，都被匪方軍管會和偽市府的交際處全部包租。這兩大飯店的全部房間，除一部分匪酋自己留用或作為藏嬌的金屋之外，都用著招待各方前來的那些牛鬼蛇神的「民主人士」。因此，在這裡進進出出的很多是抗戰期間和抗戰勝利後在重慶在京滬所曾見過的熟悉面孔和那一條一條的幽影。

代表團所有的人們分住在三樓的大小二十九個房間內，每日定時三餐都在樓下。匪方專為代表團所佈置的一間堂皇而又嚴肅的「民主廳」中，廳壁兩旁懸掛著毛酋對和平八項條款的橢圓形標牌，標牌的邊緣圍著木刻紅色的火炬，而火炬的上端又兀立著白色的和平之鴿。大廳正中是毛酋澤東八尺見方的粉畫半身像。大廳周圍則又圍繞著一大幅血紅色的布飾。因此每日三餐活動在這裡的朋友們常常苦笑著說：這個精神威脅實在太大了！

招待似乎還相當周到。三餐的菜蔬精美豐富，中西餐隨便，而且不時的分送水果、香煙和點心。

本來，政府規定代表團照顧自己的平時生活和一切必需品的，但到了北平，匪方不斷利用「嘉肴美酒」來圖麻醉，因此表現得非常親切，也非常客氣。糊塗蟲還以為是共匪出自衷誠，甚至說匪方自己卻是布衣粗食甘之如飴，實際上那些所謂高貴的匪酋，其享受而浪漫的豪侈與放縱，遠在一般人想像之外。

代表團住在六國飯店時期，除看了一次所謂大眾玩意兒的「秧歌舞」外，還被請看了一次平劇的名伶合演。其中一齣壓軸戲是尚小雲的《汾河灣》。尚小雲是「四大名旦」之一。這一個老伶工已接近六十高齡了，因多病早已罷演，這次被強迫拖出來現身色相，那瘦弱的肢體和嘶啞的嗓音簡直已變成了恍如隔世的可憐人，表情也非常難看，充分顯出了內心的苦痛，然而赤色魔鬼們的愉快是向來建築在旁人的痛苦之上的，當時博得了狂熱的大鼓掌，有的還吹起口哨。後來代表團的一位老團員回京時歎息的對人說：「我在北平多年聽了多少次戲，只有這一次使我最傷心！」

就在這樣吃喝玩兒中鬼混了若干天，代表團諸公帶著無比悲憤的心情匆匆忙忙的飛回首都了。

忠貞與叛逆

以下就是首都南京的撤退和上海的撤退的經過情景。

中華民國的首都南京，既然經過了一夜的砲戰，浦口雖然還沒有事，而荻港對岸的匪軍，已有一兩批偷渡了長江。所謂「偷渡」，是瞞下不瞞上的分批過江。共匪對於這個簡樸的小船登陸之地的小碼頭荻港，早已埋下了陰謀，他們一上荻港就可以與土共游擊隊會合，而那些土共游擊隊，平日雖不敢公然下山滋擾，暗中卻可以向米店要米，向柴店要柴，還可以限令保甲長幾天之內送多少姑娘上去。而守衛荻港的士兵們即駐防部隊，不知是否命令傳達發生故障，或是他們已經有了不良的企圖，甚至聽信了謠傳要讓出這個碼頭，總之，在一種消息隔閡和情況不大明瞭的態勢下，眼巴巴的看見一批一批的匪軍渡江，自由自在的進來，大搖大擺的上山，與土共合流去了。在一般老百姓看來雖然心中不免感著驚奇，可是這個年頭也見怪不怪了。

首都方面的中樞大員們，一夜清晰的聽到隆隆的砲聲，已經知道戰火即將迫臨，早上起來的惟一大事，是聽取前方軍情的報告。那天，民國三十八年四月二十一日清早的軍情密報：第一件是山東叛軍吳化文的部隊以及匪軍某野戰部隊已經陳兵長江北岸，南京下關對岸全是敵軍人馬，投鞭未必可以斷流，而砲火隆隆，卻已把浦鎮劫奪而去，自然大有迅即渡江的模樣。第二件是江陰砲臺出了岔子，長江下游的要塞已經陷入敵手，京滬鐵道有隨時被截斷的危險。第三件是荻港匪軍渡江的大約已有兩萬多人，駐軍待匪軍渡江以後一個多鐘頭，才有報告，很明顯的這個地方的駐軍也靠不住。

本來，我們這個首都早已撤到廣州去，但關於南京的軍事撤退並沒有預定的計劃，沒有何人主張撤退，也沒有人主張不撤退。看當時大局逆轉的緊急情形，南京似乎已無死守的價值，撤退是勢所必然。問題所在，是不是全軍撤出首都？到底還抵抗不抵抗？是否完全靠長江來掩護？或者也留一點掩護撤退的部隊？其中有一個「奇特的人物」，即是首都某警備副司令。他開首主張死守南京，隔江而戰。有人說：「匪軍已經過了江，如何是隔江？」他侃侃而談：「民國十六年八月十四日蔣總統下野，北洋軍閥孫傳芳乘機渡江，威脅南京，連棲霞山都失陷了。我們黃埔同學在國軍的英勇將領指揮之下，以少勝多，履險如夷，卒致完成了龍潭一役的大勝利。今天荻港雖然有敵軍渡江，江陰也有了異動，可是過江而來的敵軍人數，遠不及當年孫傳芳部隊之多，而同時南京還有幾十萬大軍，蘇滬一帶有的是重兵，只要將士用命，兩邊一夾擊，共匪逃無可逃，退無可退，死路一條罷了。」聽他說這番話的人覺得到也有相當道理，問題就在「將士用命」這句話，誰能擔保「將士用命」呢?果然,後來連標榜「將士用命」這句話的「該副司令」,聽說也「靠攏」而「不用命」了,何況一般將卒?「該副司令」又發言:「既然大家沒有死守南京的決心和信心,那麼只有撤退,越快越好。看匪軍調動的情形,一時還沒有方法大批渡江。我們撤退得快,連掩護部隊也不必要了。就在一兩天內,撤得乾乾淨淨好了。」

當時經鄭重考慮的結果,便決定了不在首都作戰,儘速撤退。

一批小嘍囉

首都南京既然決定放棄，跟著而來的問題就是如何完成軍事撤退的計劃，而在這裡面就有些牽扯。

當時在這個「患難之舟」裡，「代理舵手」的副總統李宗仁正在坐鎮南京。不止李宗仁，凡是中樞重要人員在南京的都感到心理上的沉重，而面臨著這樣一個空前艱危的局勢，大家還能保持非常鎮定的態度。就是在那最緊急的一兩天，去謁見李宗仁或其他大員的，也絕對看不出首都的命運就在旦夕。大家在表面上還是那樣的沉住氣，還同平常一樣的有講有笑，也還是不慌不忙的照常處理公務，可是如果你懂得內情的話，一定就可以瞭解當時的大員們早就看出了南京決無可守，幾十萬大軍如果在南京來犧牲也是有損無益，所以首都的移駐廣州是早已決定的事，而幾十萬大軍的旦夕撤出國都也是不成問題的問題。而且當時中樞大員已經和幾個高級負責人商妥，那一部隊先撤，那一個部隊壓後，部隊撤退後如何安排，都已有了詳密的計劃。大家所擔心的，倒不是如何放棄首都，而是說放棄首都後，國軍的新防線在什麼地方，用浙贛路作國軍的新防線嗎？大家考慮過，但是一則因為防線太長，隨處可以遭遇敵人的襲擊，二則過分的無險可守，軍事上也沒有十分的把握。並且還有一個相當嚴重的問題，即是湖南這一角是否靠得住？

那個時候，唐生智這些人的自衛軍，已經在可解與不可解之間，而程潛連電迫促索去了大批銀元，也沒有看見做了什麼多的工事。究竟程、唐的心事如何？也沒有人能拿得穩。假定湖南真出了亂子，華中的大軍是不是可以撤得出來呢？這個問題，當然華中長官部的白崇禧更為關心，也更懂得清楚，但是在處理上卻感著十分困難。華中大軍向湖南一撤退，是不是程潛就會有著另一種的觀感？這一個問題的複雜性質實在比首都的撤退要大得多，所以最傷腦筋。

但是首都撤退一切佈署好了，華中的撤退也不得不開始佈署。如上所說：華中的撤退，事實上比首都的撤退，更為複雜也更為重要，以「小諸葛」著聞的白健生面臨一個最足考驗的關頭了，幾經考慮之下，還是完成了華中撤退的工作，很快的撤到了湖南，唐生智一般人的自衛軍，也在這個情勢之下解決了，奠定了相當時日的湖南穩定局面。到後來才有程潛和陳明仁的投匪，大局遂更逆轉。程潛的投匪是有種種原因，當不了副總統的惱怒很可能是一種，為什麼重視個人觀念而輕視國家民族的共同利害呢？真不可解。

南京方面另一個緊張的情景，倒不在政府機關方面，而在所謂「民主黨派」的「孫盟」。「孫盟」的那些牛鬼蛇神式的「人物」，許聞天一度被捕，引起了「違憲」的風波而被釋放之後，他在匪軍地下組織運動中間，已經成了「英雄」，掌握了一部分發號施令的權力。就在二十一日那天長江對岸放了一夜大砲之後，他們的「新時代」到了。許聞天、劉不同一干人等，一清早即開了一個自稱為「有聲有色」的「地下大會」，到的人大部分是「孫盟」地下工作「同志」。照他們的報告：首都附近沿長江一帶所有的國軍，他們都已經有所接洽，也都埋伏了許多地下的力量。這個報告是騙人還是騙自己？只有天曉得。他們又說：只要「共軍」觸鬚伸到長江南岸，他們所有的地下部隊，即可以大家站出來，完成「起義」的工作。在軍事上面說，他們認為很樂觀，因此馬上決定，再度分配軍事人員，加緊聯繫，準備到國軍撤退首都之後，他們先來一個「坐地佔領」，先把南京佔領了，再和共匪方面談條件，使「孫盟」在長江南岸也能保有若干的軍事地位。這批牛鬼蛇神打的是這樣的「如意算盤」。固然共匪方面沒有料到國軍如此神速的撤退，人不知，鬼不知，保全了幾十萬大軍的實力，共匪以為在南京一定要多少經過戰鬥的，而且共匪早已打算先把吳化文的部隊犧牲，再把劉伯誠的部隊扯上來個「空前盛大」的「入城式」，只因局面變得太快，吳化文入了城，共匪還不大高興，那還有「孫盟」這班小嘍囉的份？因為「孫盟」一度存了這種軍事上瓜分地位的幻想，後來之被共匪解散，這是一個主要的原因，而「孫盟」的主要份子也一個一個遭受共匪的清算，這真是活該的。所謂「民主人士」的最後一個「夢」，也遭受共匪無情的打擊，連夢都崩潰了。

讀書人奇恥

附帶說一點痛心的情景。國府奠都的南京，在匪軍渡江前夕之一瞬，政治上已完全成了真空。於是那些所謂南京土著的士紳，由陳裕光出來「領導」，也產生一種什麼「運動」，就是所謂「維持秩序的運動」。當時南京市長陳裕光和金陵女大校長吳貽芳還特別邀集了許多人一度會商，在會商的時候，也有共匪方面派來的地下工作幹部參加。陳、吳等人是一向和政府比較接近的，當天吳貽芳還同教育當局見過面。所以他們對於政府之旦夕撤離南京是比較清楚的。這一類型的地方紳士，藉著高尚的職業（如教育文化等）和地方的聲望（如市長校長等），平時不但接近政府，而且為政府所推重，養成了他們的榮譽，一旦政府臨危，就馬上翻臉變卦，棄明投暗，認賊作父，這是作為士大夫們的一種無比的恥辱，成為讀書人的敗類。而這種敗類，在我們過去的歷史上也不是沒有的，但都留下了千秋的罵名。忠奸順逆，自在人心。

另一方面，共匪派在南京的匪諜，也早已奉了命令和這班南京紳士接頭，騙以種種優遇的條件，於是這班男女「尖頭鑾」自以為胸有成竹，可以「靠攏」，便決定出來所謂「維持秩序」。就由吳貽芳、陳裕光起，連夜趕製歡迎匪軍的大批五顏六色的旗幟，等到匪軍入城，頭一輛車到下關去歡迎的，也就是這個市長和這個校長。以後這批「尖頭鬔」的下落如何？不問可知，大陸淪陷以後都由共匪送了他們一頂帽子，列為「右派」，遭受了徹底的清算，聽說至今還關在牢裡，生死莫卜。陳裕光投匪後一度編入「西北開墾隊」做苦工，名義是副隊長，隊長是羅君強。吳貽芳被編入「秧歌隊」，令其大唱「秧歌」。這也就是高級知識份子自甘毀滅的下場。

當南京成為真空的地帶，沿江一帶，更加極度的緊張。當時各方情勢，凌亂已極，所演出的悲喜劇也不知多少。茲舉一例，可見其餘。一天，政府派了一支海軍去防禦僅留在河北的橋頭堡，並參加鎮江方面的戰事。有一個海軍軍官自動請纓上前線，臨行時，他對同事和親友還戲說此行只望受輕傷，因為他有一個表姐在上海某醫院當醫生，如果他掛點小彩，倒「嘸啥」，有這位表姐治療，大可放心。於是他大膽的去了。

他坐的這隻兵艦，在一個黑夜熄了燈從鎮江江面附近駛向江陰，緊靠近南岸走，向南岸國軍放出信號，不料被江北的匪軍發覺了，就開始砲轟，當即予以還擊。這時夜黑風高，江浪洶湧，這隻在苦難中極度掙扎的船，只好拚命的加足馬力前進，忠勇可嘉！同時迫不得已向北岸密集的砲火猛烈的抵抗，以保安全。就在這熾烈的砲火當中，這個軍官受了傷，而且並不輕。好不容易駛回上海後，因為在深夜，這個受傷了的海軍軍官被抬送到某醫院來，可是這個醫院拒不收容，一會兒說醫生已走了，一會兒說要先交醫藥費，正在吵鬧時，一女醫生前來探問，見擔架上躺著一個受傷的海軍軍官，用白布蒙著，鮮血斑斑。這女醫生大發慈悲，決定收容，及至將白布揭開，不覺悲喜交集，驚而淚下。原來受傷的軍官正是她的表弟，而這女醫生也就是受傷者的表姐。

這一類的小新聞甚多，在戰爭混亂時期是難免的現象，也是產生戲劇的淵源。

南京的政治軍事全部撤退了，市民紛紛向東逃避，秩序紊亂。市中悽慘蕭條，一座名都，驀地儼如死城。就在最末一次的京滬線火車上，有一個憔悴而清瘦的文人夾在人潮中倉皇辭京，在車中，曾賦詩一首以志對國事的傷感和對首都的懷戀，這個人便是寫本書的作者。我那首以「辭京」為題的詩，記得在上面已舉出了，不妨在這一專節裡重複寫出來：「紫金山色碧籠葱，殘照江山半壁紅。別夢依依王謝燕，春愁黯黯景陽鐘。梅開孤嶺清香冷，浪打空城戰意濃。揮手東行增悵惘，鼓樓斜月馬嘶風。」事有湊巧，想不到同車的另有一位詩人帶著全家老小六七口，狼狽的逃出首都，這卻是一個胖子而同樣憔悴，這人是誰？就是鼎鼎大名的曲人盧冀野（前）。盧冀野同我一樣也在車上賦詩一首：「吾謀東置幾蹉跎，忍見江山付刦磨。鐵鎖千尋沉荻港，烽煙萬丈湧江沱。館娃驚起秦淮夢，堂燕聽殘玉樹歌。痛哭六軍辭廟日，誓憑隻手挽天河！」忠憤之情溢於辭表，確是一首史詩。盧冀野也是南京土著的紳士，他並不搞什麼「運動」，而慷慨離京，以視陳、吳諸人，其賢不肖為何如？

上海保衛戰

我們應該記住這些悲痛的日子。民國三十八年四月二十三日國軍主動撤離首都南京而南京淪陷，同年五月二十七日國軍主動撤離上海而上海淪陷，我是同年四月二十四日離開上海飛到臺灣的，即我離滬後，國軍經過一個多月的保衛戰才從上海撤退，使匪軍遭受了最大的打擊，傷亡近六萬人。即以到五月二十三日止，上海保衛戰已歷十日，此十日間的壯烈場面，實為「八一三」以來第二次。當時有一權威觀察家，據其推測，上海有五難攻，同時亦有五難守。

何謂五難攻？照當時匪軍對上海的攻勢，顯然已受挫折，至少是不像他們的如意算盤一舉而奪取上海，國軍輝煌的戰果已一新全國乃至全世界之視聽。國軍所以戰至十日尚能繼續發揮其威力以抵抗匪軍之侵入，實因具備以下五項優點：一、這次上海保衛戰是有計劃的，有佈署的。從建築工事起到肅清內奸止，都早作積極的準備與嚴厲的執行，所以上海全市秩序安定，人心安定便是難攻之一主因。二、保衛上海的國軍號稱四十萬人，至少有三十萬，而匪軍陳毅部充其量不過二十萬，兵力比較上國軍亦佔優勢。上海當局把「軍人第一」的口號儘可能的兌現了，故士兵人人願戰，個個效忠。士氣振作自然是難攻之一主因。三、匪軍最大缺點無海空軍，國軍則擁有優勢之海空軍，海陸軍配合作戰發揮了全面的威力。國軍的空軍海軍這次在保衛大上海作戰中迭著奇勛，為阻敵前進一最重要因素。四、國軍主力力保吳淞，換言之，即力保港口，只要海上交通線不被截斷，不被封鎖，則匪軍任有天大本領亦不能圍困上海，何況上海儲糧及其他物資已有充分準備。匪軍無由圍困上海，亦不怕圍困。匪軍在吳淞方面的攻勢顯已大挫，則上海的確保性愈為增加。五、還有一個更重大的原因，即最高當局親臨滬濱，鼓勵士氣，爭取民心，而國軍認為此一戰役為生死存亡之最後關頭，在最高當局領導與感召下，足以扭轉乾坤，重奠勝利基礎。

既有了五難攻，何以又說有五難守呢？一、上海地形是溝港縱橫，一坦平陽，容易被敵軍滲入，以匪軍輕渡長江的聲勢，渡過小河小濱，其事甚易。國軍每一處抵抗，要費相當的氣力。二、上海是一個五方雜處的社會，潛伏的匪諜及不良份子，地痞流氓，還有一些自命「清高」的所謂「民主人士」，都可做共匪的內應，隨時隨地可以滋事，雖經當局嚴密防範，仍不易徹底肅清，這是一大隱憂。三、上海是全國金融總樞紐，而經濟之崩潰即從上海開端。開戰以來，市民生活更陷於紛亂貧困，如果經濟情形不好轉，影響上海的人心特別嚴重。四、上海的四方八面只除東面臨海外，悉被匪軍包圍，國軍難以全力支持此一「孤島」，如果他處戰事不好轉甚至逆轉，則上海的撤退將為早晚間事。匪軍可從佔領區域源源增援，而國軍則有限制。到眾寡不敵時，國軍勢必被迫而重演「八一三」史劇。五、我們更要瞭解：上海的命運很可能在所謂上層階級的上海「聞人」手中，這般人是到今天仍有大做其「局部和平」之幻夢的，而當局對於這一種人似乎尚予優容，亦為最大隱憂之一。所以這位權威觀察家的結論是：上海的命運決於攻守的難易。攻難於守則上海可保，守難於攻則上海難保。

但是上海到最後還是撤退了。上海保衛戰，歷時兩週，國軍在達成消耗戰任務後，同時，為了顧全上海市六百萬市民與外僑的生命財產起見，不得已在五月二十七日晚作最後撤退。自五月十二日起，共匪開始進犯上海，經我陸海空守軍將士密切配合，浴血抗戰，前仆後繼，搏鬥於月浦、楊行、劉行、高橋、七寶等地，將士勇敢用命，殲匪達六萬餘眾，生俘六七千人以上。在二十六日晚，上海市區已成真空，沉靜死寂，高橋、浦東方面匪軍不時以大砲打入市區，市民多有死傷，而我空軍在虹口等機場守候，還利用吳淞方面的機場（這是必要時作突襲出擊的惟一基地）大隊飛臨高橋、浦東上空，連日帶夜對匪軍猛烈轟炸，予以重創。

暈倒電梯間

迄二十七日清晨，竄入上海市區匪軍，總數仍不到二千人，匪主力部隊這時正在近郊，等候開入。北方雙方猛烈砲戰達最高潮。若干地區已成火海，交通斷絕，硝煙與大砲聲籠罩大地。所有軍用卡車也只得冒火海而進。國軍已向吳淞口集結，吳淞砲台仍在國軍手中，吳淞去上海約十里，國軍正在力戰，以保持退路。空軍也不斷在四郊交通線炸射匪軍，一時機聲隆隆，爆炸聲不斷傳來。

傍晚，另一匪軍主力同時集中虹口機場，兼程向市區進犯，南京東路及山東路口，先後被突入，先施、大新兩公司也被匪軍佔領。我空軍這時曾飛臨上空，對匪軍作最後一次轟炸。通往吳淞路上，這時戰事也進入空前白熱化。國軍即沿此路撤退。匪軍向吳淞方面展開砲轟，以阻撓國軍撤退，並掃蕩堅守蘇州河橋樑掩護退卻的國軍。

外灘方面，麕集載運國軍的海輪，市民也扶老攜幼蜂擁登輪，以便向吳淞口進發，國軍盡量予以收容。這時正是下午六時一刻。我們上海《和平日報》有一位記者就是當晚九時乘海輪最後離滬的。他很勇敢，在駛往吳淞口後，為了任務尚未達到，又再折回，希望把匪軍侵入上海實況，於逃出後再作一次正確的報導，他的志願畢竟實現了。以下就是這位記者親眼看到的一段情形：

在共匪進入上海市後，首先對過去服務政府未能逃出的文武職人員，即成立集中營加以囚禁，不得與家屬見面，而家屬的青年婦女，都被迫出擔任慰勞軍隊的工作，老的則驅策做苦工。年在二十歲左右的男性青年則集中受訓，施行所謂「洗腦」。對於被俘獲的國軍，施以挖眼睛、生剝解等慘無人道的酷刑，因為此次匪軍初進攻時，前頭部隊多遭國軍砲火殲滅殆盡，繼之使用「人海戰」，也為國軍砲火熔解，甚至匪軍陳毅的部隊第二十八、二十九兩軍也因此而傷亡奇重，而引起對國軍採取最毒辣最殘酷的報復手段。

又在上海市民逃難時，由市區四方八面逃來的難民，一時非常擁擠，陷入混亂狀態，以至將船上吊橋也給擠斷，難民不少捲入江心，慘不忍睹。船開行後，沿途匪軍還以高射砲放射照明彈，頓時把整個江面照耀如同白晝，繼以大砲掃射，那位記者所乘的輪船，便在匪砲猛烈轟擊中開足馬力逃脫，所幸彈多落水，得免於難，直到晚九時許才衝出吳淞口岸，脫離險境。

共匪侵佔上海後，到處捉人，處處勒捐，隨便指人為「國特」，捉去了就不見回來，恐怖氣氛籠罩全市。但是共匪仍然在廣播中宣傳說「共產黨是不殺人的」，過了幾天不見捉去的人回來，就可以到黃浦江中去找浮起來的麻袋，在麻袋裡可以找到那個被捉去的人。最可恥的是職業學生和流氓，為虎作倀，乘機大肆活動，如果有一家在一起談話，被看見了就是詐財的機會，說他們是「國特」

正開會，請上百老匯大廈。這百老匯大廈，任何人都知道的，矗立在白渡橋邊，共匪的「軍事管制委員會」就在那裡，老百姓還敢上百老匯大廈嗎？既然不敢去，於是職業學生和流氓就講斤頭，說：「你們既同解放軍合作，很好，現在請你出一筆捐款。」開口起碼是「人民券」五十萬元，牙齒講出血，至少也要十萬五萬才會出門。

還有，匪軍侵佔了上海，同來的就是所謂「人民券」，種類很多，印刷很壞，真偽難辨。不要說上海人弄不清楚，就是共匪的「人民銀行」也分不出真假，甚至假的比真的印刷還好。分明是假的，只要是「解放軍」拿來又不敢拒收，因為拒收的後果，馬上給你戴上擾亂金融的「高帽子」，腦袋就會公開的搬家，或者秘密的裝入蔴袋。金鈔必須存入指定銀行，不許流通。美鈔掛牌，「人民券」一千八百元兌一元，實際黑市早已上三千元。「人民券」一到上海即已變質到二十五倍。而那批「共幹」的土包子，初入大上海市的十里洋場，鬧出來不少的笑話，例如提鋼筆寫字都不會而當做毛筆一樣拿，乘電梯會暈倒在電梯間裡，但卻偏偏的愛上了美鈔，貪污是普遍極了。

新希望週刊

我最後一次離開西北回到東南的時候，國內時局已達到極度緊張的階段。我既辭掉了蘭州和平日報社長，到了上海，便創辦了一個新型刊物：《新希望週刊》，出版以後不過兩三月，大局全非，上海保衛戰開始，在共匪攻陷蘇州的前夕，我離開了上海，直飛臺北。

《聖經．羅馬書》：「我們得救是在乎盼望他。只是所見的盼望不是盼望，誰還盼望他所見的呢？但我們若盼望那所不見的，就必忍耐等候……」（八章：二十四至二十五節）《聖經》上這幾句話，完全把我當時在上海辦刊物的心理寫出來了。我在當時一百個擬名中選用了「新希望」（New Hope）這名字，通俗、大方、明朗、有力量。而且，那時正是徐州會戰末期，兵慌馬亂的時候，全國人心惶惶然，覺得沒有一點希望了，我想替民心、士氣打氣，給大家一點新的希望，不要心灰，不要氣餒，國家民族雖遭遇無窮的災難，必有復興的一天。就在民國三十八年二月十四日，《新希望週刊》在上海嶄然出世。這刊物的封面旁邊印有一行長字：「建設和平、民主、自由、進步的新中國，實現安定、康樂、富強、大同的新希望。」這就是我們的新希望，也就是大家的新希望。

照當時一般的局勢來看全國人民的心理，人民是沒有不愛和平的，都希望能夠安居樂業的，而共匪就利用這種普遍的心理，發動所謂「和談」的攻勢，以煽動人民，欺騙人民，來瓦解全國的人心，同時打擊國軍的士氣，破壞政府的團結，用心之毒，無所不極！於是，一部分人民真以為共匪愛好和平，開始同情共匪，甚至產生一些幻想，對政府的向心力漸漸薄弱，資匪通敵，時有所聞；而極少數的國軍將士，意志不堅，為謠言所惑，在威迫利誘之下，變節附匪，影響作戰很大；乃至於政府中的一二大員如張治中、邵力子之流，也乘機與匪勾結，終於投匪。這都是共匪包著「和談」的有毒的糖衣，進行心理戰、政治戰，來扭轉他們在軍事上的頹勢。國人不察，誤以為「和談」代表人民的希望，不知這種希望只是一種假的希望，正如《聖經》所示的：「只是所見的盼望不是盼望」，因為所見的是一種錯覺，錯覺怎能代表真的希望呢？真的希望乃在中國真正的復興，一時雖然還看不見，但必須忍耐的等待，也正如《聖經》所示：「若盼望那所不見的，就必忍耐等候。」照當時情形，政府必須堅持戡亂剿匪到底，軍人必須共抱不成功即成仁的決心，人民必須擁護政府義無反顧，等到消滅了共匪，新的國運復興起來，這才是真正的和平，這才是大家的新希望，真希望。

我所辦的這個小小週刊，出版後一紙風行，暢銷二萬餘份，那裡料到，還不到三個月，上海局勢也緊張了，然而這個週刊還一直支持到國軍撤退上海前一剎那，即出至最後一期第十一期是三十八年四月二十五日。

現在有一個問題要答覆：我以一介書生，清風兩袖，連自己的老婆從蘭州回上海，因為籌不到路費差一點不能回來，那有餘錢辦雜誌？事有湊巧：當時上海有一位實業家徐中和先生，蘇北人士，乃一家大橡膠廠的老板。他也就是上海《和平日報》「海天聯誼會」席上常常光臨的嘉賓，和我及羅敦偉熟識，家財富有，生性豪爽，聽說我想辦刊物，自動願意全力支持，經協商之下，決定出版《新希望週刊》，他當發行人，我主編，社址就在他的家裡：上海市中正路福明村四十四號。徐中和同兩位太太住在一起，尚稱融洽。樓房內陳設，古香古色，從六朝石佛像到乾隆皇帝坐的龍椅，都擺在客廳走廊一帶，像一座小型歷史博物館。這座樓房的主人禮賢下士，慷慨好客，常常置酒開宴，約請工商鉅子，社會賢達和文人墨客，在家歡聚，為的是替我捧場，替刊物宣傳，銷數之所以暢茂，這也許是原因之一。徐中和雖是純粹商人，卻富有愛國思想，有時還抽暇寫文章，談經濟問題，向政府建議財經方略，不失為憂時之士，例如他在本週刊第三期發表的〈和戰夾縫中的上海經濟〉一文，暢論當時上海的金融業、工商業、物價等的趨勢，且舉出詳細的數字為證，而擁護政府的新經濟政策，如發行黃金公債，開放證交，黃金自由買賣等以吸收遊資，及嚴厲管理行莊、加強金融管理、實行新議價辦法、限制過分利得等。等到上海危殆，我匆匆見他一面告辭跨上飛機，以後遂和他消息隔斷，不知他的情況了。他在我離滬後是否有什麼變動，以及生死存亡，我一概不知，但每次想到當時合辦刊物時他那份實力支持的熱情，是總難以忘記的。

穿皮袍的狗

當時上海的新希望週刊社，由於發行人徐中和之好客，大有孟嘗君作風，無形中吸收了許多文化人、作家，及新聞記者的親切的情感，大宴小吃，司空見慣，徐中和也決不省這幾個錢，盡心招待。記得有一次首都南京民營報社社長來滬開會，也由我們週刊社盛大的款待了一次，也在徐家。那時，因時局緊張，南京報界已是多事之秋，都不景氣，但報人本以報國為職志，越在國運危難時，越應奮鬥，這批首都的「無冕帝王」跑到上海來與同業開聯合會議，當然是為著共同團結，加強宣傳，以對付敵人。那時在徐家簽名的是：《南京日報》的喬一凡，《星報》的吳梓苕，《中國日報》的簡柏邨，《新南京報》的曹天縱，《首都晚報》的張少瀾，《建設日報》的李果言，《曉報》的王王孫，《南京人報》的張友鸞，《南京日報》的武殿彪，《警察畫報》的羅震宇，《新中華日報》的孫慕迦，《新希望週刊》的徐中和與我。其他南京民營報紙如《益世報》及《救國日報》沒有代表來滬。《益世報》像是在鬧勞資糾紛。龔德柏的《救國日報》反而由四開擴展為對開。當年的喬一凡、王王孫、龔德柏諸先生現在還住在臺北。

我們這個週刊的作者包含當時許多優秀的作家，如陳顧遠、羅敦偉、盧冀野、陸丹林、雷嘯岑、馬彬、杜紹文、郎靜山、陳蝶衣、李毓田、徐仲年、俞劍華等，也有用筆名的。言論雖是尊重自由與公開，但言責由作者自負，作者的意見並不就是本刊的意見，所以對於當時持有意見不大相同的文章，有時也予以發表，作為反響的測量。總之，文章的大前提則必須符合本刊所揭櫫的主旨。文章的範圍很廣，包括國際評論、時事報導、各地通訊、專論、雜文、內幕新聞、歷史傳記、文藝小品等，是一份綜合性的雜誌。另有「藝苑」專頁，其中「書畫專頁」由陸丹林主編，「影劇專頁」由陳蝶衣、吳崇文合編，「遊覽專頁」由我自己主編，「攝影專頁」由郎靜山主編，都有豐富精彩的插圖。

這個刊物對當時共匪所鬧出的一些笑話常有幽默性的記錄。例如「北方帶來的笑話」一則：「客從北方來（按：當時華北已淪陷。），言天津市某財務機關交代時，某方接收委員三人，有兩人是國民學校畢業，餘一人曾在私塾讀書三年，彼等於移交冊上有『貸方』之數目字，即問平日販賣何種貨物？移交者告以乃『貸方』，並非貨物。幾經解釋，終不了解。其後將簿記學書本，逐一說明『貸方』、『借方』意義，因彼等誤『貸』字為『貨』字。後彼等頻說到城市來真需要『學習』。有中級幹部二人，一日在平投宿逆旅，時近黃昏，電燈已亮。及入睡時，多方設法熄燈，竟不如願。旋在壁上按一電鈕，燈未熄而電扇開轉，涼風習習，無法關閉。翌晨，茶房在門外見電燈熒熒，電扇亦開，順手關鈕，入房視察，則見住客二人從牀底爬出，蓋一夜為電扇風襲，滿室生涼，牀上不能安枕，不得不宿在牀下也。又有中級幹部二人，在未進平市前，相約抵平後，必覓西餐嘗試，以快朵頤。及嘗試之後，告諸其他同伴，西餐味道尚佳，惟胰子一股腥氣，雖難以入口尚可勉強進食，最難堪者是餐後之一杯苦藥，較難下咽。然西人身體健碩，飯後必進補藥，其健康之由來乎！聞者為之莞然。因彼等誤牛油為胰子，咖啡為苦藥也。於此，可見來自農村者，於城市一切感到奇異，需要長期『學習』矣。」舉此一例，可以概其餘矣。

又在這個刊物裡也常常報導各地淪陷後共匪所演的醜劇以及慘無人道的種種暴行，也不妨舉出幾個例子。例如揚州淪陷後，共匪最「歡迎」的是香煙，凡打有「解放花」圖印的香煙，一概免稅，於是在轅門橋下爭貼「解放花」的人群，萬頭鑽動，熱鬧非凡。又如共匪侵佔北平後，許多高級匪酋都住在六國飯店和北京飯店，他們的幹部去謁見的時候，上樓梯，尤其是乘電梯發生了許多的笑話，所以匪幹最怕爬樓梯。又如一篇通訊的結論說：「……我最後必須補說一點的即是共產黨的主義和政策有他們的那一套，這一套是和我們現在的生活方式，傳統精神，現存組織，絕對相反的。我在天津亂糟糟的時候，親眼看見穿皮袍的女人令她在街上學狗爬，說是既然披皮袍子就是畜生，畜生就該在地上爬。……如果共產黨到了上海，上海會變成一個什麼樣的情形？雖難逆料，但可斷定：滿街都是穿皮袍的狗。除非共產黨改變了面目，但是，要共產黨改變面目，比駱駝穿針孔更難。」

黯然離上海

我所主辦的這份週刊，除商人徐中和出錢支持外，按當時情形，我可能找張文白幫忙，但我的徹底反共的意志與他有「馬拉松式」的距離，無寧說是相反，所以我不找他，他也知道我在上海辦這份刊物，僅僅有一次見到提了一提。另一方面，我也可能請黃少谷幫忙，可是他已改任中央宣傳部部長，黨政兩方都很忙碌，我不願以我的私事干擾，只得自己硬著頭皮去幹。而使我深深不能忘的，就是在辦這份刊物的後期，發行人似乎也因局勢的緊張，各自為計，無心分管，幸而獲得上海市黨部的精神上的鼓勵，並給予了一點報紙的分配，使能繼續延長下去。這時上海市黨部的主任委員為方希孔（治）先生，上海市議會議長為潘公展先生，他們對我辦這份刊物都予以嘉勉，常相聯繫，以抵制匪黨及左傾的報刊。

當軍事上的消息使我知道匪軍已陷蘇州時，上海面臨了最後的命運，上自中樞駐滬大員，中至各界有地位的人士，下至一般平民，都紛紛離開上海以避免受浩劫，到這時候，我的刊物沒有辦法辦下去了，我也不能不走了。

我們的行政院在這緊急的關頭準備了若干架飛機，專門搶運政府人員及有關人士離滬，停在龍華機場。當時大家都急於逃難，政府所準備的飛機票實在不夠分配，能得到機票的就等於得到生命上的無上代價，珍貴異常。因為我的監察院專門委員那份職位並沒有取銷，就以這種身分，透過人事關係，居然派到了三張機票，喜出望外。這三張「生命符」怎樣分配呢？我和慧兩張，剩下還有一張，我想送給徐中和或其他好朋友。記得在一次大雨傾盆中的路邊，匆忙的邂逅徐中和，我問他：「你還不趕快離開上海嗎？」他說：「我一家怎樣走得動？」我說：「我還多一張飛機票，你趕快一個人先走吧！」他搖搖頭，皺著眉，長歎一聲去了。以後就再沒有看見他了。回到定興里，和尹祖光夫婦商量，也因只有一張票，無法使他們夫婦同走。恰巧丁星五匆匆來訪，我見他神色緊張，急於離滬，他只一個人，我便把那張「生命符」送給了他，他真是感激不盡，感激的並不是我這份兒友情，乃是在危急患難時天賜的國恩。

接著的問題來了：當時政府是指定了以下三個飛往的地點：一、廣州，二、重慶，三、臺灣，可以自由選擇其一。我們和星五熟商的結果：決飛臺灣。因為覺得廣州的局勢看來並不能保持長久，遲早是會撤退的。重慶呢？我們在抗戰時已住了整整八九年，住得太膩了，好不容易出了川，現在又再回去，似乎可以不必，可是那位四川最好的朋友尹祖光卻極力慫恿我們同回重慶，雖是好意，無法接受。臺灣則是我們政府新遷的地方，今後反攻復國的惟一基地一定是這座寶島，我們既是中華民國一份子，就應該跟隨政府的行動，而且我們都沒有到過臺灣，今天有這個機會，更應該前往。

於是我們三人各帶了一個口袋，像討飯的叫化子，匆忙而悽涼的趕到了龍華機場，人山人海的避難人群早已滿塞在那裡。飛機的開航採用「流水席」式，即各就目的地的標誌，排隊登機，坐滿了就開，沒有固定時間的規定，一批開了，一批又開，川流不息。我們昏昏沉沉的擠上了飛機，定神一想：這真是天恩、國恩、和祖宗的恩之所賜，才得保全了這一條小命，都不覺流下淚來。所以我在〈初飛臺北〉一詩中，劈頭兩句是「烽火紅逐萬鴉飛，茫茫雲海度臺北」，那時的情緒真是一片蒼茫。

我還應該補說幾句：在我即將離滬前，遇著盧冀野。當時于院長非常掛念他，屢電催他速赴臺北，同時有電叫我面催，飛機票自無問題。我當然力促，可是冀野總是雙眉緊鎖的歎息道：「我上有老母，下有妻子，一家十餘口，怎麼走得動？」我再三苦勸，並且打算拖他上飛機，那時他的家人大部分還留南京，他最後的答覆是：「等我回去和家人商量商量再定吧。」於是我們分手了，也就成為永訣了。後來我到香港，冀野的弟弟把他哥哥近來的作品給我看，是兩小本剪貼，內容全為陶情怡性的小品文字，可以看出他在大陸淪陷後的苦悶。不久，共匪盡量的磨折他，把他印成的全部曲本沒收，分派小販包花生米。冀野在重重侮辱、壓迫的難堪情形之下，便憂憤抑鬱而死，真是可悲可惜！

老朋友雲集

我和慧及丁星五飛抵臺北松山機場，下機時才發現了機中乘客許多都是京滬的朋友們，包括羅敦偉、左幹忱、及唐石霞女士等。時已夜間，從機上俯瞰地面的繁燈，覺得比什麼畫面還美麗，下機後，入臺北市投宿一家旅館，馬馬虎虎的住了一晚，吐了一口大氣，睡在牀上四肢伸得長長的。第二天，我便按照一位親戚的住址，逕赴羅斯福路，見到了我的表妹黃學莘及表妹夫周本頤。他們見我們來了，又驚又喜，初到一時期就寄住他們家裡，開始度著「踏踏米」的日式房子的生活。

一到臺北就逐漸發現數不盡的老朋友，比在抗戰時期重慶還集中，略舉幾個例子吧：

在羅斯福路二段的路上，看見前面一輛三輪車上坐著一個長袍的長者，我向秋慧說：「很像左先生。」叫我們的三輪車趕前一步，果然是左舜生。各自下車，左先生向我打拱道賀，說：「你們兩個人全來了，我一家十口還在上海呢。」匆匆各留了一個通信地址，相約再會。這就是一位曾做過農林部長的學者，也像我們一樣為生活的鞭子猛笞著，一樣坐著一輛破三輪車躑躅這天涯海角的街頭。

有兩個老朋友欣然相遇：一是鄒曼芝即鄒謙，一是錢歌川，我分別到他們的家裡訪候。這兩位名教授悽清的度其教書匠的艱苦生活，夫人也在教書而尚不能維持一個簡單的家庭。我看見歌川書案上擺著編撰的英文稿，我說：「你還在幹這一套？」歌川苦笑著：「就是靠這一點版稅維持，現在也完了。」曼芝在家抱著一個才生下三個月的嬰兒哺乳，太太上課去了。

老詩人薛大可先生住在建設廳招待所樓上，樓下也有一個薛大可，同姓同名。這一位詩翁，年近花甲，興趣很濃，吟詠不絕。一角小樓，成了他的生命寄託。他有豪情說賭博史，也有閒情捧顧正秋。

名詞人江絜生也住在建設廳招待所樓上，時代消瘦，我看他卻越來越胖了。我們談起抗戰時在重慶的情形和目前的局勢，不勝感慨。

我再去訪問「楊長子」的楊樸園先生，沒有見到，卻在他家裡遇著像我一樣剛來臺北的「一尊空前絕後的大砲」——龔德柏龔大哥。我們談了一些關於時局的看法，同到薛翁小樓午餐，羅敦偉也來了，女畫家唐石霞也來參加。薛翁要寫一首長慶體的古風來贈唐石霞，酒三巡，龔德柏發奇論，主張募集十萬日本兵打共產黨，他自願當先鋒。他說：「我們不幹則已，要幹則做天下第一等人，做天下第一等事！」敦偉向來很幽默，接著說：「還要放天下第一等大砲！」老龔也呵呵大笑起來。

名詩人陳定山（小蝶）這時也到了臺北，我去訪問他，他泡了一壺臺灣出產的龍井茶，和老友清談，卻苦笑著：「現在我們只好喝臺灣的龍井茶了。」因為他是浙江人，老杭州，從前最講究喝茶的，不免感歎。他出示新作〈金縷曲〉一詞給我看：「烽火今深矣！盼家書，幾時重到？迢迢鄉里。慘澹江南秋未老，紅遍赤楓丹柿。更落日，千重門閉。照破分離初九月，問人間碎鏡誰磨洗？妻與子，多拋棄。拚教為客身如寄。儘飄零，那堪回首，杜陵詩裡。八載棲遲居蜀日，贏得老來何事？空擲盡年光流矢。赤嵌臺南祠廟在，待人間天上成追憶。兒女恨，英雄氣。」

名作家尹雪曼也到了臺北，我遇見了他，一樣感慨橫生的說：「想不到完全出乎自己意料之外的，是自己竟會偷偷的、無聲無嗅的、悄悄的，拖妻帶子，背馱沉重的舊行囊，汗流浹背，倉皇失色的，於一年以後，像失了家的狗一樣，再度踏進寶島。」因為他當南京熱烈的開國民大會選舉總統副總統的時候，以名記者的身分曾經光榮的來臺灣一次，受到本地人士盛大的歡迎，他想不到一年以後，大局全非，再悽愴的重入臺灣。

實際上，由大陸避難追隨政府遷臺而來臺的，或是千方百計艱苦卓絕而逃出虎口來臺的各界知名之士，不勝枚舉。即如上面所舉諸人，一直到今天還有許多定居在臺的，有的逝世了，多數尚健存。這些文化、教育、新聞界的人物紛紛來臺，無形中提高了臺灣的文化水準，使新都的臺灣成為抗戰時期陪都的重慶，有過之無不及。不過在戎馬倥傯烽火高照中相逢之下，總不免有些感慨吧？

含淚話悲辛

政府遷臺後，另外有一部分在大陸淪陷後千辛萬苦輾轉逃來臺灣的人員，從他們的親見親聞裡透出了許多事情、新聞和內幕，都可以看出共匪盤踞大陸的真相。現在就我當時在臺北接觸的上述人士中所得到的一點記錄零星的寫在下面：

北平最近歸客談：共匪的教育政策現已著著暴露其真正的面目。專科以上學校一律廢止英文、及哲學、倫理學、論理學，特別禁止宗教一科，如燕大素以神學見稱，亦經勒令停止。質言之，即一切有關思想的學科皆在禁授之列，可見共匪對思想的統制一斑。在北方全部學校中有一特殊現象，即集合校長、教授、學生與工役等一齊受「訓」。有些一向標榜民主自由的名教授，現在皆痛苦不堪，啼笑皆非。報載葉劍英叫沈從文當清道夫一類消息，千真萬確。

安徽大學同學三百餘人，憤於共匪暴行，由安慶徒步跑到蕪湖，再跑到南京，到南京時已多半散失，僅餘一百餘人。四月二十三日南京國軍撤守，一百多個同學，才到南京又出奔上海，經十四天步行，種種危難，多半傷亡散失，到上海時，僅餘九人。遙遙幾千里，跋涉一月，好不容易奔投臺灣，所聞所見不少，我訪問他們於臺北圓山惠愛路寄宿舍內，夜闌人靜，促膝傾談，聽他們詳說逃難經過實況，真正可歌可泣；其中兩人，前後被俘四次，被劫一次，剩得一身一被，還是奮勇前進，卒至逃出虎口。

據他們說：匪軍捕到豪富，便送到政工隊付人民公審。政工隊問：「此人該殺不該殺？」人民答應該殺，便把豪富殺了。政工隊便說：「不是政府愛殺，乃是人民愛殺。」這是共匪偽裝「民主作風」之一。共匪專以甲地之人，以打乙地之地；又以乙地之人，以打丙地之地。例如專用東北之人以打平津，又用平津魯皖之人以打南京，使得這些人到了異地，不會溜走。共匪雇用民伕，以六個月為期，其實經過六個月後，沒有一個民伕，因為都已成了砲灰。每次出發，民伕在前，匪軍在後。每一個民伕，挾帶兩枚以上手榴彈。一個哨兵，都有兩個民伕跟隨；一團戰兵，都有兩團民伕跟隨：以備「人海大戰」補充之用。公務人員及婦女，多數編為慰勞隊，稍不服從，即被逼自殺。青年婦女顧及節操，被蹂躪而自殺的更多。

這九個同學一齊對我說：「我們聽到和談消息，急得要死。假設本黨真正接受和談，接受所謂一條二十四款，無異接受投降。我們不願和談，只願戰死！」這九個可愛可敬的青年大學生，知道我曾任安徽大學教授，便說：「易老師！你說對不對？」我連說：「對對對！」和他們緊緊的握手而別。

有一個燕大青年學生艱苦的自北平逃回臺灣。行前，他曾秘密的叩問他的先生張東蓀以決定行止。張東蓀對他說：「走！走！越早走越好！」他又秘密的再叩問他的另一老師潘光旦，潘光旦說：「他們（指共匪）指定我天天研究馬列主義，天天讀新民主主義，還要做長達萬言的報告，實在受不了。」他再去叩問另一教授朱光潛，朱光潛歎道：「一言難盡！」這位青年大學生又說：「馬寅初現被軟禁，因為他被迫廣播講演，馬寅初說：『國民黨的經濟政策並不是不好，而是執行經濟政策的人太不好！』當即由共匪指導員嚴重警告，並帶起走了。」

有一個自中原逃來臺的中年公務人員，說到共匪的所謂「坦白運動」。他說：共匪佔領一地後，即實行所謂「坦白運動」。何謂「坦白」？即對於他們認為有些問題而其人似乎尚有可取，便來一番測驗，令其「轉變」。「坦白」的方式，一是寫自傳，一是口頭報告。寫的和講的一定要是實話，不許扯謊。而且，一定要親友證明確實為「坦白」。

他說：他個人就曾經被迫「坦白」了一番。對付這件事也有技巧問題。如果寫得好或答得好，便一時相安無事，否則麻煩可就多了，他舉出幾個例子：一、如果他們問你（假定你是一個純自然科學研究者或技術人員）：「你對於政治有沒有興趣？」那你一定要答覆：「有興趣」。要答得簡要、堅定、明確，不能說：「有一點興趣」，或「我想：我對於這個問題是有興趣的」。曾有許多工程專家被共匪歧視虐待，即因他們老老實實的說：「我們是學工程的，對政治毫無興趣。」那就糟了。二、如果他們問你：「你信不信三民主義？信不信毛澤東主席的新三民主義？」你若是答覆：「我只信新民主主義」，那也不行，還得說：「我是信三民主義的」，那麼，就會認你對政治尚有認識，只須糾正一下，而你非共產黨員，如何就能信「新民主主義」呢？這顯然是虛偽，不夠坦白，應予處罰。三、如果他們問你：「日本是那一個打倒的？」你如果答是美國，那就大糟特糟。如果答：「日本是蘇聯打倒的！」或更說：「是我們蘇聯打倒的！」則將報以滿意的微笑，而稱你是忠實份子。

秧歌舞醜態

一個由東北逃難來臺的商人，說他在東北被俘時，匪幹看見他的鋼筆、手錶和戒指，向他求購，他已暗知其意，便以鋼筆、手錶相贈，不料匪幹再索戒指，他說：「這戒指是準備作路費用的。」匪幹說：「你放心，到北京的路費，由我完全負責。」於是拿出一張「路條」（通行證），並告以沿途接洽處所必有人迎送，他如法泡製，果然受到沿途各站的酒食招待，並致詞：「歡送某同志赴京作地下工作。」一路無阻，安抵北平，那時北平尚未「局部和平」。蓋出路條的匪幹即情報人員，路條上有暗號，而他即權作一次冒充的「地下同志」。

也是一個青年朋友，從北平花了二兩黃金向匪軍買了一張路條逃抵臺灣。據他說：較高級匪首及其眷屬外出必攜四個衛兵，身背木殼槍。六國飯店所停的汽車常達四五百輛，其他酒樓、妓院、戲院，無不門庭若市，都是匪軍人員。美貨等被搶購一空。他們盡情享受，而市民則不敢穿好的、吃好的，否則即被清算。他感慨的說：「到處烏鴉一般黑。」

有從江西逃難輾轉抵達臺灣的一個工廠小老板，對我談起共匪認為最得意的「秧歌舞」，他曾被迫參加過一次，因此知道這一幕醜劇。他說：照字面上看，秧歌應該是一般農民插秧時所唱的歌，是民間歌謠之類。可是共匪的所謂「秧歌舞」，早已失去了民間歌謠的意義，而魯莽決裂的披上了一層政治的破衣。共匪把民間的秧歌帶進城市就變成了淫蕩的歌聲和醜惡的表演，以迎合最低級的趣味，而其「妙處」則在「扭」。什麼叫「扭」？就是扭屁股。隨著淫蕩的歌聲，屁股不斷的左右扭動。舞的時候，口中唸唸有詞，像說符咒。音極簡單粗劣，調詞是「搶！搶！搶！」進三步，退兩步，或者進三步，退一步。還有一個「妙處」，即與高蹺、旱龍船等配合，表演極其淫蕩的下流動作。共匪就利用這個玩意兒，配合反國民黨、反美的惡劣的宣傳，都是在「搶！搶！搶！」之下進行著嘻笑怒罵，冷嘲熱諷及最難堪的污衊。原有農村中的雛型歌曲及純潔心情，統被共匪改頭換面弄成骯髒不堪了。

最可笑的是共匪認為這種玩意兒為宣傳無上的妙品。佔領一地後，立即命令一般青年男女大扭其屁股，甚至拖出老太婆們也大扭而特扭。而如偽天津軍管處文藝處長兼《天津日報》文藝副刊主編名叫荒煤的，竟強調「秧歌舞」的文藝性，認為這是普羅藝術的最高型。天曉得！遠在抗戰時有一位無黨無派的巨頭曾赴延安，毛酋澤東等即招待看「秧歌舞」，這位巨頭只好閉著眼睛，實在看不下去，而匪酋們鼓掌叫好。這位巨頭近來還在臺灣，聽到有人談起共匪的「秧歌舞」，還是連連搖頭不止。

一位在抗戰時任職軍委會總政治部的軍官攜眷入臺，談起張治中在北平的憔悴情形，本來很瘦，更瘦得不成樣子。最初以「和談首席代表」的身分被迎入六國飯店，不久即勒令搬到總布胡同一棟破舊的住宅。以前隨行人員如秘書副官等均已先後南返，僅留一參謀侍從，而此一參謀即為斷送張治中政治生命的匪諜。張治中原電夫人由南京返蘭州，但此電稿即透過該匪諜參謀，經周匪恩來竄改，要張夫人北上，於是一家都關在籠子裡了。

有一位記者從大陸逃來，說到沈鈞儒和田漢的近事：他在北平曾見到「赤色文化人」的田老大。田老大雖附於郭沫若之末一度參加左派的巴黎會議，但被拒絕於法國國境之外，已感不愉快。回平後，偶與某報記者談自由民主，第二天發表了他的談話，卻被「後進」而現任匪新華社社長范長江看見，大罵田老大一頓，責以未經官方許可擅自發表言論，限令於第二日在原報頭登一個鄭重抱歉的大幅啟事，聲明本人所談純係私人談話，且自認不檢點，公開認罪。

沈鈞儒在某日共匪聯歡會裡，看表演「秧歌舞」和話劇。話劇的主題為「沒有中共就沒有中國」。沈大鬍子當場獻媚，歷舉北伐、抗戰諸役之成功均歸功於共匪，以達到「沒有中共就沒有中國」的結論，滿以為這一下拍上了。不料毛酋起立「訓話」，指責話劇的主題應予修正，理由是：中國已有了五千餘年的歷史，「中共」的歷史還不過三十餘年，怎能說沒有「中共」就沒有中國呢？於是這位「民主人士」啞然，瞠目而視，戰戰兢兢，抹了一大鼻子灰。

看戰局發展

政府遷臺初期是在軍事上政治上最艱苦、最驚險的一段過程。我曾訪問一位權威的軍事觀察家和一位權威的政治評論家，分別有所解說，就我所能記憶的作簡要的寫出如下。

政府遷臺初期國內戰局將如何發展的情形，據這位軍事觀察家說：一、東線：京滬杭鐵道與京杭國道環繞太湖地區將有劇戰發生。這一戰的核心就是上海的前哨戰，將自常州開始。太湖區域內的城市至少有一半要毀滅。而匪軍要想奪去上海，至少也得犧牲三十萬以上兵員。假使匪軍僥倖而獲勝，則東線的戰場將在錢塘江，或者寧波、金華、衢州這條線上，這一線戰事可以膠著一年。這種看法，證以最近戰局是大致不錯的，但這位觀察家也與任何人一樣，絕未料到南京丟得這樣快，以致戰局急轉直下，使他的預測面目改觀。匪軍目的顯然在切斷滬杭路以孤立上海並切斷浙贛以截止國軍南下。杭州雖已為匪軍佔領，但國軍早已作撤退準備在錢塘江南建立陣地。錢塘江正流係國軍在寧波杭州南昌間新五百哩防線的一部分，國軍已將錢塘江大橋炸毀。國軍將固守錢塘江這一線，或再作一次戰略上的撤退，但匪軍已有兩縱隊急速南進向國軍新陣地進攻，可能不久在江西、湖南丘陵地帶有或多或少的劇戰。這一線戰事的擴延不會像京滬的那樣快，可能拖一時期。

二、中線：從安慶至沙市經九江漢口這一線的趨勢，國軍的防務並不弱，只要不輕棄武漢，則大戰將不可免。這線戰事進行如果匪軍佔先，則戰爭的膠著地區將在上饒與浮梁之間起，經南昌以南的樟樹至贛北高安以迄湖南長沙或長沙以南湘潭以北地區至湘西濱湖地區與西線相啣接。這重點即湘鄂今後在戰爭中的重要地位。證以白崇禧僕僕穗桂重新返回武漢，可知中線戰事迅速即將展開，可是湖南成為一個「謎」。湖南的轉變以湖北的馬首是瞻，而湖南正在倡導所謂「和平民主的自衛」。但湖北能保則湖南必保。湖南保得住則是反共戰爭一個有力的據點。然後贛粵桂才有屏障。然而觀察最近的戰訊，匪軍已入浮梁，而湘西的民變顯有政治的滲透作用。如果匪軍得到洞庭湖濱的倉庫，則糧食不虞匱乏，所以湘鄂必然是匪軍垂涎的地區。而湘鄂這一地區的能否保全，其決定的因素：一半要靠兩省本身的力量，一半要靠整個戰局的呼應。

三、西線：西線比較平靜，但大戰一發，必被捲入。宜昌是兵家必爭之地。但宜昌以上，匪軍若用政治攻勢，或可西上三峽，否則休想越雷池一步，故未來戰場可能就在巴東以東，恩施東北地區膠著。若再上遡，則膠著線可能在川鄂陝邊區。這一地區山嶺起伏，地方力量較強，外力很難插入，惟西安一帶，勢難久守。這條可能出現的戰線將保西南與華南半壁的偏安局面。如果黨政本身團結，而共匪又未得到外力的特別援助，那麼這條線上很可能僵持到三年以上。那時候，世界大勢當會發生劇烈的變化，中國自亦難以置身度外。所以這位軍事觀察家的結論是：「剿匪的戰爭是絕對無法避免的，但照戰局發展情勢去推測，必然是一種紛亂的局面。」這個局面已經出現了。對於他的西線一線的看法，可認為有相當的正確性。因為國軍這時的目的固然在力保東南海岸線，並以臺灣為重整旗鼓的大本營，但政府決不會忘記西南的重要性。假使中線盡失，只要能將東南和西南聯成一氣，再加上西北的牽掣作用，其勢仍有可為。又假使萬一華南不守，只要西南本身無問題，也還是可以拖一個時期。今後隨著戰爭，西南的重要性一天天加重，而共匪企圖從桂林昆明打通國際路線以儲蓄挑撥第三次世界大戰的資本，也很顯明，故西南為雙方所必爭。

總之，今後國內戰局的發展雖不能即下斷語，但現勢已擺在面前。匪軍意圖乘戰勝的聲威，利於速戰速決，而國軍目前第一要著則在如何儘可能保全實力。國軍利於拖長時間，並一方消耗敵人實力，同時拖過一個時期以等待國際間的變化。無可諱言：中國戰事已成為世界戰爭之一環，惟有忍痛負重養復自己的傷痕，培厚自己的元氣，來爭取最後的勝利，像抗戰時期那種艱苦局面而益加艱苦的撐持，所以這一個戰局是必然要經過一個時期而發展到國際情勢的總轉變才能有解決的一天。

臺灣重要性

那一位軍事觀察家在政府遷臺初期對國內戰局的推測與判斷之相當富有正確性，已如上述。在當時，國內戰爭一天天發展到最高潮。環顧大好神州，已無一片寧靜地，亦無一片乾淨土，只是烽火漫天，大劫降臨。於是我再訪問一位政治評論家，請教他的看法。他首先簡要的說明：鐵幕下的東北華北不用說了，西北在表面上似乎比較特殊一點，但這一大塊地方的動向，一方面要看與新疆有特殊淵源的蘇俄的態度的變化，一方面也要看西北的二馬加上甘肅新疆是不是真能團結，而其中問題也很多。西南是抗戰根據地，直到今天還對它有深厚的期望，可是那裡的局面也並不簡單。四川終是一個火藥庫，有一位張岳軍在那裡雖然可以抹平一點，但牽扯到西康問題、雲南問題等等，仍然在急劇的動盪著。華中方面由於敵方的重兵壓境，駐武漢的大軍已逐漸南移。湖南全省危機四伏。廣西廣東的內部複雜因素也多，加以土共四伏，乘機蠢動，很難應付，蘇浙兩省現已在戰火熊熊之內。照當前整個中國大勢看，只有沿海的福建和孤立海中的臺灣成為今日自由中國的新桃源。

毫無疑問，臺灣這一個島省今後將負起重大的責任，甚至於說：臺灣勢必被迫而挑起中國命運的重擔。不僅如此，臺灣這一個海中孤島，對於世界和平的責任也非常重大。這正是我們的最高領袖深謀遠慮高瞻遠矚將政府遷到臺灣的真實理由。我們雖不能即說：臺灣足以完成中國復興與保障世界和平的大業，但至少可以說：臺灣確已成為再造中國的基石，進而成為促進世界和平的跳板。這可以從兩方面來作一個簡要的說明。從國內局勢看：反共戰爭將以臺灣為決定的主力。照目前政府的計劃，將側重在湘贛間山陵地帶的扼守與東南沿海線的佈署。萬一前一道防線有變化，政府將不至於像在抗戰時期那樣把重心再移到西南，因為現在的態勢已和抗戰時期不同。政府最可能的政略和戰略，勢必力保海岸線。遷都廣州也就是這種用意。政府的陸軍雖疲敝，但尚擁有大量海空軍。同時，國際的態度雖冷淡，但並不是一成不變，所以確保海岸線是起死回生第一著。如果政府能把華中一部分與東南西南聯串起來加上西北的牽掣作用，其形勢似反較抗戰時期為優。即使不能如此，但能確保海岸線，亦復可以有為。

臺灣的重要性，就在這種形勢的變動中天然形成。在臺灣的地形上是擁有進可以攻退可以守的驕傲。其特點有二：一是孤立在大海中。一個沒有海空軍配備的敵體對於它是沒有辦法的。反之，它擁有海空軍則可以隨時向敵人反攻。又一是它不怕封鎖和圍困。它本身的生產足以自給，而且還有餘力負擔對國家的供給。它的情形與上海完全相反。上海一被封鎖圍困即毫無辦法，地形上不是孤島，而實際上無異孤島，臺灣則地形上是孤島，而實際上並非孤島。如果政府今後的政略戰略是確保東南沿海，則確保東南沿海的惟一主力就是臺灣。反過來看：假使臺灣不守則東南沿海線即難確保。再反過來看：只要有臺灣就有東南沿海線。

國際情勢也提高了臺灣的地位。我們雖不甚瞭解美國對遠東，特別對中國的看法，但可以斷言：假使美國不忽略它對太平洋的注視，假使美國真要利用日本做將來對付蘇俄的資本，則臺灣及澎湖列島的戰略地位為美國所決不放棄的一環。蘇俄的國策很顯明，利用「西拖」來進行「東攻」，即利用歐洲問題來和美國纏，使美國疲於應付，頭昏眼花，而繼續擴大其對遠東的錯覺，蘇俄即乘隙來攫取整個的東亞。美國真會這樣蠢嗎？假使要確保世界和平，東亞的重要性實在不減於西歐，而確保臺灣的重要性又為確保東亞和平的前提。我們不妨大膽的說一句：如果中國戰爭的烽火真正延燒到這個孤立大海中的島國，那就是呈現了世界第三次大戰的徵候，至少是接觸了第三次世界大戰的邊緣，像抗戰時那樣，自由中國拖到那個時候必然是會翻身的。

這位權威政治觀察家的結論是：希望擔負這一個雙重重要性的我國當局，高瞻遠矚大刀闊斧，來奠定這個島國的一切基礎，包括政治、經濟、文化和軍事。珍重這一塊乾淨土和寧靜地，使它真能成為世外的桃源，更使它成為天上的樂園！

美麗的寶島

臺灣真是一座最美麗的寶島，現在又成為民族復興的基地。我一到臺北，就到附近名勝去觀光。一月之間，兩遊北投，三上草山。三十八年五月二十九日是星期日，微曇，正是出遊的好天氣。我和本頤、學莘、秋慧於上午十時頃，信步走到附近金門街鐵路旁的一處很荒涼的小車站，在樹蔭下候車，十一時餘，火車經過，上了車。我第一次坐臺灣的火車，目的在遊有名的風景區。

我靠著車窗站著，看看郊景，可愛的青青的田禾與清清的溪流。有幾隻火雞武則天式的兀立在幾家精緻的住宅的牆頭炫耀她的五色毛羽。

約四十分抵新店，一個靜雅而不十分清潔的小鎮。找到了一家碧潭招待所，在嶄新的洋樓下餐廳裡休息，風吹甚涼。遊客漸漸多了，先行交易即將開張的招待所的廚房設備單簡，而遊客們冷熱兼叫中西雜投以致不能應付，我們叫了湯麵和蛋炒飯足足等了一個鐘頭才姍姍送來，價錢相當貴，每件臺幣四萬四千元（那時用舊臺幣）。我發現有遊人自帶「飯盒」（便當）僅喝招待所一點清茶或一兩瓶汽水，用錢少而時間快，大可仿效；接著一想：假如個個都這樣做，那招待所也用不著開門了。下午一時半後遊碧潭。

碧潭就在招待所外面。這一個潭可真不小，實際上是一個小湖。碧綠的水，美麗得像一顆藍寶石，一塊翡翠玉。環潭是陡削的石壁，帶微紅色。滿山森林，將潭水越襯托出青青得可愛。水上無數遊船，飄飄像白鷗。另有兩三人坐的瓜皮小艇，掩映碧波蒼巖間，悠然自得，這裡的境界很像紹興的東湖，但東湖不及碧潭的闊大，而環境也沒有碧潭的幽美。

橫跨潭上彩虹一般高矗雲外的一座懸橋，用粗鐵鍊厚木板構成，替碧潭添一道異彩。橋上大卡車小汽車經常來往，為兩岸交通的惟一孔道。我們先從橋上走過，仰觀孤鷹迴翔，俯瞰碧波粼粼，真有人間天上之感。橋一端傍一懸巖，鐫著孫科所題「碧潭」兩個大字。一群遊客袒胸赤足隱臥在巖隙裡，幽靜清涼，彷彿羲皇上人。

回到沙灘，僱一遊船，說定每小時四萬元。船置五椅，上覆方塊白布篷。船夫輕搖小槳，任性容與，選巖壑深處，停泊移時，然後撐到一處淺渚，看人釣魚。碧潭特產香魚，一名鰷魚，尚未上市。我們看見一漁夫，問：「有魚賣沒有？」他引到一小蕩邊，果然看見一條長約一尺的魚在水裡游泳，我們四個人都脫了鞋襪，下水捉魚，這魚就好像豬八戒變的妖精，單捉不成，合捕不得，漁夫也下手助陣，還是撲空，最後還是秋慧用鐵絲網網起。漁夫索價五萬，給他三萬不肯賣，也就不買了；而這條魚並非香魚，不知是什麼魚？

水上歌聲悠揚。遠處從巖上跳水的姿勢如看電影。有一女游泳家半身露水面，大概是奶罩壞了，逡巡害羞未起來；頑皮赤身的小孩子在她四圍亂打水花，而一隻裝著摩托的小汽艇衝來去，興風作浪。

碧潭，在這炎熱時季是一處清涼的仙境，在這混亂世界是一處靜美的桃源。而我們，從京滬遠來的遊客則萬感填胸，一籌莫展。遊完碧潭回來後，詩友羅繼永出示他最近遊碧潭的小詩三絕句：一、遊魚可數碧波清，始信舟如鏡裡行，容與中流飄一葉，人心潭影共空明。二、前山遙望烏來險，新店疑為赤壁遊，絕似東坡傳二賦，孫題章詠各千秋。三、淺水蘆花不繫船，得魚換酒便醺然，釣鰲忽憶垂虹處，橋影橫波鐵索懸。羅繼永詩中所說的「孫題」自然是孫哲生先生的題字，「章詠」則指章行嚴的一首詩也刻在碧潭巖上。我不知道章士釗何時來過臺灣？似乎有些人的家中還掛有他的「墨寶」，而他的「墨寶」在我所看到的總是有些歪歪斜斜的，在書法上可以覷人，所以他終於附匪了。那麼，他在碧潭所題的詩，不談也罷。

羅繼永問我遊碧潭有詩沒有？我笑說：「豈有遊碧潭而無詩者乎？」下面就是我的一首古風：「四山環翠一潭涵，百花含笑一鏡嵌，長橋垂虹懸雲表，搖搖欲墜鐵欄杆。孤鷹赤眼高空盤，萬魚白肚深淵翻，遊人逍遙盪槳去，不記烽火逼天南。巉巖纍石疑赤壁，恨我無才非蘇髯。五月風吹過臺北，歌聲縈繞淡紅衫。身是鸞飄兼鳳泊，夢廻虎踞與龍蟠，可憐玄武湖邊客，萬里投奔小碧潭。」我這首詩不完全寫景，抒情言志都有一點。

淡水風情畫

同年六月五日是星期日，又是一個曇天，我和本頤、學莘、秋慧繼遊碧潭之後去遊臺北有名的海水浴場的淡水。我遊後得到一個結論：先遊碧潭再遊淡水是再好沒有的了，因為碧潭雖好，境界卻嫌窄狹一點，其長處為清幽。一到淡水，則豁然開朗，高瞻遠矚，自己儼然就是一位偉大的政治家。到淡水，可以激盪你的壯志豪情。

將近上午十時，我們到任先志先生的家裡借了他的小汽車，先志的弟弟先恕也同行。經過了北投直駛淡水，約四十餘分抵淡水鎮。這個小鎮相當熱鬧，鎮後面有一座紅毛城的遺址。海水浴場距鎮上約二里。

司機跟著前面兩輛汽車開行，轉入海邊公路的盡處，看見沙龍飯店的牌子，全停下了。遼闊的大海初次顯現在眼前。海水近處是淡綠色，愈遠愈呈深翠。天空一片濃雲低壓著海，而海水愈成深碧。幾片小小白帆疏疏落落的航行，一群白鷗飛翔上下。游泳的男女漸來漸多了，紛紛下水。輕微的浪頭帶著節奏的音調拍向沙灘，殘缺的各種貝殼石塊被沖上岸來，任人選拾。我們脫了鞋韈，踏進水中嬉戲。遠遠的海面有許多黑點，那是熟練的弄潮兒的豪情，令人驚羨。我們不敢走近海的深處，只在海邊狎水為樂。這樣，停留了一些時分。一個漁夫持竿經過，我和他聊天，他指點我們另一處海水浴的勝境，就跟著他走，赤腳踏遍亂石沙灘，三三兩兩小如銅錢的沙蟹疾速的橫行。沿著海，轉一個大彎，風浪比剛來的地方洶湧，一層層的浪牆遠遠挾風雨雷霆般的滾來。選一個寂靜無人的坐落，率性脫下外衣褲，滾到水裡去，一兩口海水偶然冒進嘴裡，鹹極了。一個浪頭衝來沒到胸脯，剛剛退去接連又是一個浪頭。海灘的沙紋美麗得像圖案畫，用赤足輕輕的踏著這軟軟的細細的沙粒。

游水（其實是玩水）將近一小時，沒有帶游泳衣，也不敢深泳，幾乎弄成像一隻水淋的雞，躍海而出。坐在沙灘上，靜幽幽的欣賞那巨大的花朵般的雲朵，和那雲朵下面翻著的層層的浪花。我就坐在這沙灘上成了一首古風的腹稿：「烏雲一朵壓海黑，片帆遠接天邊青，浪花奔騰震巖石，南風五月鼓雷鳴。浩浩蕩蕩十萬里，前推後擁爭縱橫。人游其間如小雀，白鷗誤認邀同盟。一浪沒瀝肅然退，二浪越頂寂無聲，三浪四浪無數浪，飛濤噴沫氣難平。中國胡為遭浩劫？烽火迫近紅毛城！尚有閒情拾殘貝，淺淺沙灘輕輕行。解衣脫袴入水浴，奮與日光空氣爭。孰謂遊人太渺小？大海不過杯酒盈。飄然一葉落蓬瀛，痛哭成功功未成。會當破浪乘風去，老向終軍學請纓。」

包著一堆濕衣服慢慢走到熱鬧的場所，那裡的沙灘上撐著一排紅紅綠綠的花傘，傘下面躺著三三五五赤脛蓬頭的摩登女人和一批飛毛腿的大將，皮膚黑黝黝的紅裡發黑黑裡透紅，再高一點的沙坡，零星點綴著許多茶棚酒肆和賣冷飲的擔子與賣香蕉、西瓜的小販。我們進入一處小館子吃湯麵，每碗三萬臺幣，比碧潭招待所的價廉而味美且豐富。隔座一個尉級軍官正滔滔不絕的向他的同行描述他從北平、青島撤退南行時目擊匪軍的形形色色，充分表現反共的決心。

約下午二時許，我再拍了幾張海景片子，便乘原車回臺北。抵羅斯福路寓所後，大家用清水清清身體，發現各人的皮膚通通有點紅黑色了，身體雖有點疲倦而精神仍然抖擻。人類和日光空氣爭，和水戰鬥是一定獲得勝利的。在晚餐時，買了一瓶台灣啤酒一古腦兒吞下去了。那時候，我已在臺北復版了《新希望週刊》。我對鏡子，看看自己紅紅的臉色，再撫撫自己咖啡色的手膀，好，決定《新希望》十六期的封面顏色就照我這手膀辦。

深晚，一個甜適的夢，還徜徉在海灘上用赤足在亂打浪花。

以上兩篇短短的遊記，是我初到臺灣後的一點心影，所以把它記下來。我在臺北住了九個多月就到香港去了，在這期間也到了中部和南部，留下了一些腳印，也寫下了一些詩文，就不必再提起了。總之，我覺得臺灣全島無處不美。到我今天寫作時，臺灣不但是全世界最美麗的寶島，同時是全世界最安定的樂園。

第一傷心事

我初到臺灣看看這座寶島上一般人民的生活和社會的風情，覺得蠻有趣味。這裡記下了一些樸實的資料：

一個大學名教授說：「……教授這樣勞苦，你以為他筋肉可以特別發達嗎？但他總是瘦骨如柴的。一切自己動手，你以為他可以吃飽嗎？那回答是決不可能。如果他是一個單身漢，毫無一點家庭負擔的話，他一天也許還可以吃到一兩肉和一斤青菜。如果他是一個結了婚的人，有妻室兒女嗷嗷待哺，他每天至多只有兩三萬元收入，單吃白飯，一斤米價就在一萬元以上，家裡每天吃三斤米，就把他整個的收入都吃光了，幸而每年還有十個月的平價米可買。菜價是豬肉起碼四萬八千元一斤。最賤的青菜也是四千元一斤。他可以『三月不知肉味』，但青菜也只能吃到最少量，因為他不能把所有的收入，全部拿來買小菜。二十幾萬元一擔的木炭，每月要燒一擔。既不吃肉，小菜總得用油去燒。花生油一斤要四五萬元，三天吃一斤的話，每日平均要負擔萬元以上的油錢。……」

一作家卻盡量歌頌結實健美的臺灣婦女：「……當你跨上碼頭的時候，出現在你面前的，第一是很多瀟灑大方的女人，穿著西洋式的短裙袴，蠻起勁的踏著自由車，似海燕般穿來插去，假使你不小心碰擦了她一下，她並不像你臉紅，還是踏車去了，甚至回轉頭來向你講句『阿里阿督』或『司米馬遜』（日語：謝謝你！對不起！），你雖然因聽不懂而窘態畢露，她還是報你以誠摯的一笑。若比起內地女人是身軀苗條林黛玉式的病態美，而這海島上的女人是肩胸挺闊、風度翩翩的結實的健美。……碼頭上的搬運夫，工廠裡的工人，踏三輪車的車夫，機關裡的小職員，家庭裡的下女（女傭），公共車上的收票員、售票員，綠衣使者，直到田地工作的農婦，到處都是女人的天下。……」

但是有一個外來的家庭主婦卻感慨地說：「臺灣第一傷心事，不是日本奴役臺胞五十年，不是颱風和洪水，你猜是什麼呢？說來又好笑，又好氣，這就是下女。」她繼續說：「汪太太那個下女不過十八九歲，會說一點普通話，不像我家下女只會說土話，許多時候都要用動作和手勢來指示。王太太所用的下女更年輕，早熟型的嫵媚，也會說普通話，有時竟能向她的北方人的主人學會幾句北平話。這兩個年輕的下女有著幾件布質而花花綠綠的短襦和裙與旗袍，常常撫來撫去，在我家的『阿巴傘』（日語：老太婆）下女前炫耀，看那一派熱絡情景，大概是結了三姊妹了。哎！其實一個可以做祖母，兩個可以做孫女兒。於是我家這個高山族型的傭人兩個月以來從不請假的，近來便常常藉口看兒子啊，拿東西啊，三天兩天的告假了，從來一天到晚不出門的，也幾乎天天傍晚『押本』（吃飯）後就『剃頭』（玩耍）去了，一去就是這『新桃園結義』的三姊妹同伴，拉手搭肩嘻嘻哈哈的一溜煙格答格答的一陣木屐聲愈聽愈遠了，有時到深更半夜才回來，有時直到第二天清早乃至上午。……」

一個名學者談到小偷的問題：「臺灣過去據說有點近乎夜不閉戶和道不拾遺。道不拾遺還不大清楚，夜不閉戶至少一半是真的，因為日本障子式的門戶，閉與不閉，分別也不太大。然而最近來了警報，臺北的偷兒已經相當猖獗，放在門口的自行車，甚至汽車也都有人偷走了。……日本帝國主義治臺時代，對竊賊是不大民主的，聽說凡證實由窗子進入行竊的，一經拘捕即槍決，由門戶進入的則只坐牢，也坐得相當久。我們文人對槍決人不大感興趣，倒可以用另一種方法，即將小偷拘捕入獄後派一種技藝上的工作，工作熟練了即認為滿期出獄，得到了一份兒技藝就可以解決生活問題，誰還再來做賊呢？」

一個語言學者談到臺灣話的難學難懂：「我有一個朋友來臺三年只學到『押本』與『剃頭』，不是這朋友笨口笨舌，就是臺灣話難學難懂。因為臺灣話是閩南方言，實在不容易懂，更不容易說。學臺灣話困難之點甚多，由於：一、北平話只有四聲（陰平、陽平、上聲、去聲），而臺灣話卻分：上平、下平、上上、下上、上去、下去、上入、下入，八聲。二、臺語多鼻音，如：『唔西』，不是的『唔』字，除浙語、粵語、客家語有此音外，北平語根本不能發此聲。其次是半鼻音，如：天寒的『寒』，更是臺灣的『專利音』。三、臺語有混合子音，也是北平語中沒有的，如：『沒有』的

『麼』字，它的子音是B與N的混合音。四、臺語有出氣音，如：『誇他車』（自行車）的『誇』即是。」

省委做攤販

繼續談談當年臺北的風貌：

臺北的攤販，觸目皆是。一個大公司的秘書有這樣的報導：「攤販子看來雖然是一樁苦生意，在士大夫階級看來尤認為這是販夫走卒之流的玩意兒，然而到了這個年頭，由於社會經濟起了急遽的變化，士大夫除非他能一登龍門而立致豪富，卻早已走到了末路的邊沿。他們穿了長衫裝，肩不能挑，手不能提，充其量只能在機關裡坐坐寫字間，攪點『等因奉此』一類的公文八股，但是這些到了今日已是上不能侍奉父母，下不能養活妻兒。倒是花點小本錢，擺個攤販，一天所得，雖不能說發大財，卻可以大喝大嚼，過著相當溫飽的生活。據說：一個推著車子賣魚圓的，每天可淨賺臺幣四百萬。就是一個擺酸梅湯攤的『小郎哥』也可以做兩百萬生意，對本對利可淨賺一百萬以上，比起當公務員簡直要駕特任官而上之。」他又說：「今年春天當我在台航公司任秘書時，有一天總經理請客吃便飯，公司一顧問也被邀在座，他告訴我們一樁大家認為驚奇而其實不足為奇的事，說他昨天在南昌街上蹓躂，突然一個擺布攤的朋友，站起來跟他握手，他不覺大吃一驚，原來是一位老朋友，曾經做過某某省府委員啦，因為某某省淪陷才逃到臺灣來擺地攤，一個月可以淨賺兩千多萬，生活相當消遙而自由。這位朋友說：目前給我部長主席，也不願幹了。」

有一個上海籍的老小說家在臺灣光復後即來了臺北，比我們早一點，他在短短一兩年便成了「臺灣通」，我和他原來在上海就很熟識，特去訪候，他同我大談其臺灣人的姓名問題。他說到臺灣人的姓中，姓林、姓陳的最多，大族的姓如簡、丘、游等也多。至於奇姓，不像日本人的多。他曾見有一個姓彡的，不知是本省人或外省人？（按：彡音衫，古書上有此姓，《漢書》上有個彡姐，據說這是一種羌姓，是外國姓。光復後，許多日本人不能離開臺灣的，就改了漢姓，算是臺灣人了，很多是姓方、姓陳。或者討了臺灣女子為妻，便從妻姓。）

在名字上，臺灣人較內地人為淳樸。內地人在名字上冠以「阿」字，似乎就不雅馴，實際上古人以「阿」字為名或小字的很多，最顯著的例子如漢武帝的陳皇后「阿嬌」，曹操叫做「阿瞞」。在臺灣人即無所謂，頗有古風。報紙上常見「顯考林阿火府君」，或書簡上常稱「阿木先生」等，了不足異。

臺灣人名字中，也有中國古風，嵌入金、木、水、火、土，五行中字及其偏旁。內地人也有這種風氣，如小兒生時，由算命先生推算生年月日，如五行有缺，則配上五行中的一字。（例如筆者我，小時八字上缺金，所以命名為「家鉞」，家是派行，鉞即金字旁。）不過內地人很少逕用五行的字而係多用五行的偏旁，臺灣人則不然，例如一個人被喚做「洪鍊火」或「陳水源」，則一聽即知是臺灣人了。

我國舊習慣，往往女人無名字，或僅有閨名，或僅有小名，而不願披露於外。於是既嫁之後，則以夫家之姓與娘家之姓合組而成張王氏、陳周氏之類。人家稱呼也只說張嫂王夫人或陳母周太夫人，而不露其名。在臺灣則略異，母姓乃在氏字之下，如張氏王、周氏陳等；又有張周氏陳之類，恐係兩夫之姓。

臺灣男女名字有些很奇怪的，如男子中有名「捉」的，有名「乞」的，有名「灶」的（大約缺火缺土），有名「骨」的。比較風雅的，曾見有兄弟二人，兄名「清風」，弟名「明月」，好像我國仙山上兩個道童。女名中較高尚的，有名「緞」的，有名「粉」的，為內地人所少見，實則可以用「錦」字，為什麼不能用「緞」字？可以用「黛」字，為什麼不能用「粉」字？曾用過兩個下女，一名「阿盡」，一名「阿等」，也不平常。更有令人駭笑之一名字，曾於報端，見一遺失國民身分證的廣告，此人姓名為「彭毬塗」，不知是男是女？

臺灣人自然同我們內地人一樣是漢族，因此他們的姓名在大體上與內地人無異，多是單姓，也有雙姓的，不過名字的用法則與其他內地人不盡相同，而另具一種情調。

新的新希望

我從上海飛到臺北，很快就恢復了我所主辦的《新希望週刊》，在上海出到第十一期，在烽火漫天中結束了，到臺灣繼續出版第十二期，日期是民國三十八年五月十四日，出到第二十六期，即同年八月二十日，因我要把這個刊物擴展到香港出版，離開了臺灣到香港去，所以重託留臺的親戚朋友照料，又刊行了一個時期。

我既來臺灣，我的刊物的言論和報導自然更加要配合國策。那時在臺北雖有幾家刊物，但多半是內幕性的雜誌，而有政論，有專文，同時富有文史趣味的，只有我辦的這個雜誌。像東晉時代一樣，「過江名士多如鯽」，從淪陷了的大陸避難來臺的大批高級知識份子，包括大學教授、作家、文人、詩人等，許多都是我多年的老朋友，也有一批比較年青的新朋友，我請他們寫文章，他們是樂於接受的。因此，臺版的《新希望週刊》不但能夠維持，還多多少少賺了一點錢。我請了兩三個親戚朋友幫忙，按月酬謝。我當時心理，不，全國自由人士的共同心理，認定政府遷臺，是明智的，是一種新的新希望。當時流亡來臺的以及本來在臺的，更是同樣有這種心理，所以，一卷《新希望》

在手，似乎就有了新希望。我這份刊物之尚能暢銷，這可能是一種重要的因素，也就是心理上的因素。

當時承諸友好的熱情支持，已經回歸自由祖國懷抱的第一流文人都欣然不斷的惠給稿子，例如：左氏叔侄：左舜生和左幹忱、葉青（任卓宣）、鄭學稼、錢歌川、謝冰瑩、羅敦偉、尹雪曼、蔣君章、包明叔諸位先生是經常執筆的。他們都是自由文化陣營老戰士，這時挾著一肚皮的忠憤的義氣，作堅強的反共宣傳，在散文方面有很高的成就。我又特約了名時事評論家宋文明先生，逐期為本刊寫一篇精闢的時事評論，包括國內與國際，指點讀者正確的認識當前局勢，同時約了一位李迺揚先生也寫這一類的文章。入臺初期，國土尚未全陷，我分別特約尚留在國內自由地區的朋友寫通訊，報導共匪的種種暴行以及匪軍今後動向的觀察。當時，政府初遷，國家局勢尚未十分穩定，如何保衛臺灣這座神聖的寶島是大家最關切的當前一個最重大的問題，本刊為激發在臺青年擁護國府的熱忱，特別發起徵文一次，有陳智信諸人應徵入選，披露出來；為了這事，又特別約請葉青先生寫了一篇專文，作為示範。此外，就是詩詞的鼓吹，還有攝影的專頁。臺灣本地的名詩人如林獻堂、黃純青、魏清德、謝雪漁諸位，我之所以結識他們是由於曾今可先生的介紹，我一到臺北就在微雨中到金門街去訪曾今可，以後迭有唱和。內地來臺的名詩人如丁治磐、曾今可、薛大可、羅繼永、鈕先銘、閔孝吉、許君武、李翼中、包天笑、秦靖宇、張佛千諸先生，皆一代詩壇重望，流離來臺，愛時愛國，吟詠甚多，也都紛惠詩作，登在本刊。

我請曾今可先生寫〈臺灣詩史〉，我自己則寫〈臺灣詩情〉，分別連載本刊上面。我的詩也有披露的，寫臺灣的情調和自己的心情。例如有兩詩：一是〈臺北市上〉：「鳳尾搖椰葉，荒荒島國風。亂雲橫小岫，巨廈矗層空。儋耳東坡屐，輞川摩詰筇。辭京三雪淚，終古夢魂通。」一是：「偶成」：「靜靜南昌路，新蟬噪晚晴。紅牆樟腦局，碧樹古亭町。雲影飄輕幔，山光畫遠屏。伶仃江上客，海上又伶仃！」此外的詩句寫臺灣風情的如：「紙窗鳳尾風微煽，蠟屐雞頭月乍窺」，「山痕低壓眉痕翠，屐印微嵌齒印紅」，都說明寶島景色雖美，但渡海而來的悽涼情緒則難以自抑，自然會流露出來。又如包明叔先生有一把扇子要我題，我信筆寫了一首自由詞：「龍蟠虎踞今何在？六代宮牆，一抹斜陽，江水東流日夜長。小園空剩花和淚，十載滄桑，兩度流亡，夢到南徐總斷陽。」南徐為鎮江古名，明叔即鎮江人，我總難忘淪陷在鎮江的那個小園，是我一手開闢出來的。漢壽之家，鎮江之家，雖已沒落，但我初到臺北不久，便在南昌街二段買了一間小屋，離臺赴港，讓與友人，僅僅賺了一兩金子，假使當年不賣出這屋，到今天可以賺到一百兩金子了。

曇花盛開時

我必須記一事：當年協助我，支持我辦《新希望週刊》臺灣版的，有一位同鄉好友任先志先生。我一生坎坷，幸而常得人緣。在上海辦刊物，當危疑震撼之秋，烽火漫天之際，而有一位富正義感的富商徐中和熱心的贊助，自動出錢出力，才能辦得有聲有色；到了臺灣辦刊物，又遇著一位「臺北的徐中和」，一樣熱心的贊助，那就是任先志。我請先志擔任本刊常務社務委員即發行人。他與我是湖南同鄉，兼有世誼，保持湖南佬的堅強正直的性格，而又在臺灣社會非常活躍，當時他任臺北煙廠廠長，家住在煙廠附近的承德路四號，廣院幽花，對朋友熱情款待，我們刊物的社務會議就經常在他家裡舉行，叨擾茶飯多次。由於有任先志先生與臺北各界的人事關係，所以刊物一出版即甚暢銷。他簡直把這份刊物當做臺北煙廠出品的「特製香煙」，嘉賓到廠訪問，除送廠品的香煙和雪茄外，跟著奉贈的一件禮物就是《新希望週刊》。那些嘉賓一面抽名煙一面讀《新希望週刊》，也認為是人生樂事，而這兩件東西（煙和刊物）也漸漸流傳到廣大的社會裡被認為「臺灣名產」了。

我還記得有一次在承德路四號的晚餐上和在臺的幾位名宿傾談甚歡：一位是于右任院長，一位是趙恒憝鄉長，一位是鍾槐村鄉長，一位是張默君女士，還有一位是闞漢騫將軍，加上我和主人任先志，飯後攝影留念。這次宴集，是請我們看盛放的曇花。任家院中奇花異卉雜植，有曇花十大盆，當晚一齊盛放，空前熱鬧，主人認為這是國運昌盛的吉兆，所以特請于先生和幾位鄉長蒞臨賞花，飲酒賦詩。當晚，主人和我把我們的刊物面呈幾位長者，請他們指教。右老看到我的長歌〈生日遊烏來碧潭〉最後一段：「……家愁國難無已時，嗚呼生日何有哉！去年今日在西北，今年今日遠來臺，鄉音斷絕將半載，每念老母肝腸摧。巴蜀忽傳猿啼急，瀟湘早報雁聲哀。前塵舊夢一筆鈎。世界即將攤王牌。杜陵高詠洗兵甲，泰伯窮遯闢蒿萊。天蒼蒼兼海蒼蒼，中華民族何巍巍！」右老取下眼鏡向大家說：「你們看看君左的好詩。」因為座中夷午、槐村兩老人和張女士、闞將軍都是湖南同鄉，而當時湖南由於程潛和陳明仁的叛變而淪陷，大家心中有說不出的沉痛，同時四川的局勢突然緊張，變色在即，大家在抗戰時都在四川，對四川自然也非常懷念，所以讀到我那兩句：「巴蜀忽傳猿啼急，瀟湘早報雁聲哀」，遂引起了莫大的同感。

我們這份小小的刊物，除請任先志先生擔任發行人及我自己擔任主編外，還請了陳洪海先生同任主編，有許多關於整理來稿及編排方面的事務，都由他代勞，以便抽出一些功夫，由我來拉稿。作家們惠稿，多半是看我的面子，因為稿費並不高，而且他們都忙於照顧家庭的生活，對寫作降低了興趣。例如名作家黎烈文先生和有名的「女兵」謝冰瑩女士當時各有信給我。謝冰瑩說：「稿子一定獻醜，但這幾天實在太忙，家裡住了三位客人，孩子整天鬧，加之編講義，改卷子，還種了點菜，每天實在忙的無法拿筆」。黎烈文在信上說：「……弟已為柴米油鹽所苦。下課回家，又須幫助內人煮飯打雜，真所謂斯文掃地也，文興毫無。」這也難怪，當時大學教授的生活實在難以支持。一個三輪車夫每天可收五六十萬，而大學教授薪金每月不過一百數十萬，教他們如何安心教書，又如何有興趣寫文？因此我去拉稿也受了很大的影響，如黎烈文先生即始終因「柴米油鹽所苦」而沒有替我們寫稿。

但是也有些朋友，經不起我的糾纏，仍然替我們寫作。例如謝冰瑩、錢歌川、左舜生、羅敦偉諸位，幾乎隔一期就替我們寫一篇。老詩人薛大可先生親手交我一束稿子，說：「慢慢用吧。用完了，我再寫。」左舜生先生匆匆剛從廣州來臺，當晚即替本刊寫一長文。錢、羅兩先生有時用真名寫，有時用筆名寫，文章最能叫座。有時讀者自動的送稿來。記得一次有甲乙兩人來訪，甲介紹乙的一篇文章給我，而且指著乙說：「這位就是黃花岡戰役生還的烈士！」我吃了一驚：因為死了才稱「烈士」呀，應該這樣說：「這位就是黃花岡戰役生還的壯士！」介紹的人由於匆匆表達熱烈的敬意，反而無意中說錯了。那篇文章雖不太好，但我也因為表示熱烈的敬意，照樣登出了。

可能成人球

我既然決定了把我所辛辛苦苦創辦的這份刊物向海外發展，大陸本土既無我份，臺灣一省範圍有限，天地之大，何所不容？能夠向海外自由地區盡量推銷下去，一方面藉此可以宣揚國策，加強四海僑胞對國府的向心力，更激勵他們的愛國熱忱，以收文化宣傳的實效；一方面假使業務發達，不但可以完全支持這個刊物的生存，而且可能儲集一些資金，作為擴張本刊提高稿酬及職員待遇之用，還打算出一套像樣的「新希望叢書」，打的是這樣如意算盤，成功與否？事在人為，所以不顧一切，冒險一試。

我為什麼決定到香港再出一個分版呢？因為香港的地位是東南亞的樞紐，在香港辦文化事業可以產生啟導作用，而且距離臺灣比較近。我還有兩點潛伏的意念：一是當前國內的人才，由於逃避共匪的禍亂而集中來了臺灣，正像抗戰時集中重慶那樣甚且過之。臺灣一島，人才過多，多一個我，少一個我，無所謂。把才力分散到海外每一角落來自奮自發的效忠祖國，比起擁擠在一角落而增加祖國的沉重負擔與焦慮安排，實為合算。又一是我一家直到這時候還沒有團聚，自從被無情的烽火在國內衝散後，老母和妻兒多數淪陷在湖南家鄉，大孩子一家和大女兒一家也都還沒有來臺，全家四分五裂，雲游星散，只我攜慧一人僕僕風塵，相依為命，我很想到香港後，設法把老母們接來香港，以盡我最後的責任，這是我在當時的一點私衷。因此，我和慧在細密商量之下，決定赴港。

可是，在當時，由臺灣到香港並不是一件太容易的事。作為一個平民，要先向在臺北的英國領事館申請入港，還要得到我國外交部的批准，這兩件事都要通過相當繁難的手續。自然，我都一一照辦了。當時國府初遷來臺，還沒有恢復外交部，只有一位外交特派員駐在臺北，掌管有關外交及人民入境出境事宜。恰巧這位特派員是我過去在大陸時的舊友，於是，在一張極其簡單的護照上，蓋了中華民國外交部特派員的藍色簽印。本來是打算我一人到香港，後來慧也想到香港去看看，多一個人照料，又臨時加貼了一張照片，蓋了戳記，手續完成了。剩下的是向英國領事館接洽，還得完成另一半手續。於是我再把這份護照向英國領事館申請入港，英國領事派了一個秘書專管此事。我還記得，當我跟隨眾人魚貫的進入英國領事館一間辦公室前，看見一個年青的中國人正在查詢申請者，甚至嚴密的盤詰。輪到我，我想這青年一定就是英國領事館的秘書。他用那炯炯的眼光望望我，看看照片，笑道：「原來是君左先生，您到香港有什麼貴幹呀？」我答：「我想在香港出一個《新希望週刊》的分版。」那青年道：「好極了，我也是您的刊物的讀者呢。」說完，便拿著我那份護照進入辦公室，很順利的經過英國領事的簽證，就拿出給我了。我自然謝謝了他。奇怪的事是：

等我到香港兩年後，聽說這個青年犯了某種重大案子而不得善終。究竟是怎麼一回事？我遠在香港也搞不清楚。

我的護照經過完全簽定後，我和慧便乘搭一艘掛著英國旗的「盛京」輪赴港。在船上，和新識的幾個乘客聊聊天，他們雖多是商人，也多知道我，一路尚不寂寞。等到快入香港的港口時，那個茶房頭兒來查乘客的簽證，查到我，翻來覆去的看，歪著頭故意的說：「先生，你這份簽證有點兒問題呀！」我問：「有什麼問題？」他冷笑的說：「你的簽證上沒有編號碼。」我拿回一看，果然沒有寫號碼。我便有些懷疑，甚至有點恐慌。但定神一想，我不怕了，對那茶房頭兒說：「編列號碼是英國領事館的職責，與乘客有什麼相干？難道乘客能代英國領事簽證嗎？」那茶房頭兒仍然冷酷的笑道：「你願意原船打回臺灣，我們無所謂。」猜他的意思是想恐嚇我，說我抵達香港一定不會允許上岸，像人球一樣被踢來踢去，仍要回到臺灣的。我不去理會他。新交的幾個朋友卻替我打不平，對我說：「這完全是想向你敲詐一筆錢，真是洋奴！」

船入港了，泊在海中間。等了很久，香港海關人員登船，乘客照例排隊，聽候檢驗簽證。我夾在其間。快輪到我，我心裡有點忐忑不安：如果真的打回頭，那才是冤枉！只見那茶房頭兒鬼鬼祟祟的向海關英籍官員私自耳語，用一雙三角形的眼瞟著我，這當然是在英籍海關人員前說我的壞話，因為他沒有得到賄賂，所以存心傾陷。不料當我將簽證文件遞上時，那個穿黑色制服滿臉髫鬚的英國官員，只看了英國領事的簽字一下，便砰的一聲，蓋上一個藍色圓印，很快的通過了。我於是放下了心，走出來也向那個茶房頭兒冷笑一下，和慧揚長的上岸去了。這是我初到香港的最難忘的一個印象：洋人倒相當好，洋奴則太壞了！

滾下紅河谷

最後要補充一段重要而珍秘的資料，這是一場壯烈的畫面。中國空軍有名的飛虎將易國瑞將軍和空軍將士三十多人，從中國的西南邊陲假道泰國逃回臺灣，那正是大陸幾乎已經全部淪陷的危險時期，經歷過從來未有的遭遇，尤其是僑胞愛祖國的熱忱和孤憤，令人感動。從這篇記載裡，又可以看到在中國西南邊緣還有一股強大的反共洪流，以及越南、泰國、緬甸這三國國家的現狀，令人焦慮。

共匪林彪五個軍由滇桂邊境直取蒙自，蒙自是中國西南的一張後門，通過越緬泰的一個孔道。共匪要赤化亞洲，除了中國，再就是越南、馬來亞、菲律賓。因為要去越南泰國，必須穿過中國西南。莫斯科命令共匪陳兵中緬和中越邊境，以林匪彪五個軍為開頭，目的在截留國軍殘留在西南邊陲的最後一點實力，而相機進攻越南。

這位中國空軍飛虎將易國瑞是中國空軍第三軍區副司令，他是自動請命飛向蒙自接運部隊到海口的，首先就可以看出他的忠勇。不料趕到蒙自的第三天，即一月十五日，變起倉卒，首先失利的是蒙自機場，守蒙自的部隊，就敵我力量比較一下，認為「死拚」無益，於是宣佈後撤。這位空軍副司令就率領空軍人員三十餘人隨陸軍步行，離開蒙自，各攜木棍一根，腰間掛飯碗一個，竹筷一雙，準備長途跋涉，乘黑夜首先向箇舊而去。

此去向西行，盡是山溝，沒有辦法尋到渡河的工具，涉水而過，水淹到胸口上來。首先幾次，各人脫鞋脫衣涉渡，以後走不到幾步，又是水溝，不勝麻煩，率性就不脫了，讓身上隨濕隨乾，隨乾隨濕。在行軍中，為著要不暴露目標，不講話，不舉火，有香煙癮的這是最痛苦的時候吧。這位副司令個人曾經在這條路上有過兩次沒有吃飯，一次是兩天，一次居然挨過了三個整天才進糧食，科學家說：男人只要餓七天就會死，餓三天等於死了一半了，最奇怪的是不吃飯也還能照常走百多里路。他們是白天走，晚間也走，而且是用「五隻腳」走。這「五隻腳」的新名辭是從他們行列裡喊出來的，就是除兩隻腳外，還用兩隻手，再加上一根棍子，合共是五個支點。因為沿途多半是翻山越嶺，爬行的時候比步行的時候多，爬上爬下，手腳沒有不被擦破的，像易將軍的腳指甲就有四處破裂，鮮血淋漓，滴在亂草深谷中，就這樣艱苦的進入泰國邊境，裝扮成一個殘廢，才渡過重重難關。

一月十六日走到箇舊，十七日晚間到蠻板。快到紅河，爬一座高山，由山上滾下去是八十度的下坡路，有的爬，爬不住的便摔死了。這樣向下慢慢的爬，七個多鐘頭才到坡下的紅河。紅河寬有兩百多公尺，水深到什麼程度，無人曉得。上水下游一共只發現兩隻小型渡船，每船只能坐三人。他們一行，除陸軍部隊以外，還有國防部某將領所率領的二千幾百人，一共是三千五百多人，一齊擠在渡口旁邊。這個時候，匪軍已到箇舊。「後有追兵，前無渡口」，如果以兩隻船六個人渡過兩百多公尺寬的紅河來渡過三千多人，起碼要兩三星期以上，這種不堪想像的危局，如何過得去？忽然易將軍想出一個辦法，動員全軍馬匹，每匹每次載三人過河，一人拖住馬尾巴，兩人拉住一邊一個龍頭（馬口罩），由懂得馬術的官兵跨馬浮水過去。這樣，才勉強的渡過了紅河。但由於天氣寒凍，紅河的水流湍急，擋不住水力的，就被衝下去了。過了紅河，有四百多人失蹤。

過紅河，分為三組，空軍人員隨二七八團行動，團長羅伯剛。同行有葉植楠師長、石補天副軍長，這一路是右翼。左翼由彭軍長率領，再有中間一路。目的地是走向萊都，往萊都是準備向越南去。途中，彭軍長與海口用無線電聯絡，請示是否應向越南去？海口的答覆，認為不可以，因為過去進入越南的，全被繳械了，同時，在途中聽見老百姓說：越北胡志明的部隊猖獗，進入越南一定會吃虧。因此，他們變更路線，改途西向江城，走到巴哈，忽然遇著土共，一場械鬥，土共不支，狼狽敗逃。

這時到了一月二十九日。這天，渡過黑江。三十一日抵江城。在江城住兩晚，二月七日到了鎮越。鎮越是去越南緬甸的要道，為土共黃少和部盤據多年的巢穴，他們非打開這條出路，不能脫離險境，於是決心圍剿鎮越的土共。死拚之下土共席捲而去，連一隻貓狗都沒有留在城裡，老百姓更是一個影子也沒有。

新二七八團

他們入城後，到處找吃的，因為又有好多天沒吃飯。於是分途到郊外森林裡去尋食物，挖了幾處地洞才發現一些糧食，原來土共是堅守鎮越的，以便掌握這個西南咽喉，因為敵不過國軍這支人馬，只好退避一時，想用堅壁清野的辦法，叫國軍快點離開。

次日，去橄欖壩，決計到南嶠。有三個因素：第一、南嶠有一個飛機場，是抗戰時期留下來的。第二、國軍九十三師曾於抗戰時在這一帶轉戰南北，弟兄們對此地甚為熟習，到南嶠等於回老家。第三、二七八團曾於抗戰勝利後，由這一帶打回內地，有不少官員不願離開，紛紛脫離隊伍，在這裡成家立業。因為此地出產豐富，從這裡販沱茶和煙土到緬甸暹羅等地，獲利十倍，比當兵吃糧好多了。但是還有一些留下來的二七八團的老弟兄們，為著不忘根本，並以武力保障集體的安全，卻有新二七八團的組織。這時，正當易將軍一行赴橄欖壩的路上，發現兩個便衣土共，在土共身上查獲了一封信，是土共黃少松的弟弟黃少先由大其力寫給他父母的一封家信，他告訴他的父母說：「兄在佛海之恥，非痛洗不可，現已電昆明派隊救援，誓死把新二七八團及兩廣部隊打垮。」因此，他們才知道佛海和南嶠原來是他們的老弟兄們新二七八團所佔領，得到這個消息，真是喜從天降，此去南嶠，力量合流，起碼可以把土共黃少松肅清。有此三大原因，所以決定向南嶠進發。

過橄欖壩，先派人去佛海送通知，新二七八團得訊，即差人送來豬羊酒肉歡迎。及到佛海，見全鎮一片焦土，房屋十之七八毀於戰火。此地無法久留，遂去南嶠。

還得補充一點：自從哈巴一仗之後，匪軍追趕不捨。共匪知道這是國軍這一股強大力量，一直追到佛海，還在後面緊追，但始終相隔是一天半的路程。這些匪軍部隊，雖不住民房，卻勒令沿途百姓送豬送飯。這不是土共，是林彪的正規匪軍，大約有兩軍人。

國軍到了南嶠，與新二七八團老弟兄們，相抱痛哭而狂歡。一個月來，這些逃難的國軍將領們，不獨沒有洗澡，連漱口刷牙的機會都很少，只用袖口擦一擦臉就開始前進，滿頰鬍鬚三寸多長，到這天才理髮洗澡。晚上還有歡迎會，居然還看了一場電影。到南嶠正是臘月二十九除夕。白天動員全軍人趕修機場，曾經中斷了二十多天的電訊，又與海口和臺灣恢復聯絡了。飛機場一天就修好了。次日元旦，海口王叔銘空軍副總長（當時空軍總長是周至柔將軍）派了飛機去接運他們，不幸飛到滇西，因氣候突變折返。這樣，又只好等第二天。

當時情況緊急，聽說匪軍林彪部繞過小路，渡過瀾滄江，不經橄欖壩和佛海，直取南嶠，企圖迅速截留國軍部隊。因為過南嶠就是緬泰，國軍到了緬泰就不容易追趕了。

這一天，正是農曆元旦。匯合在南嶠的國軍，從新佈署，堅決守城。當天下午四點鐘，匪軍派便衣送來一張字條：「即派人來頂真，接洽投降，否則天羅地網，不獨去途無路，必死無葬身之地，望再三思之。如不然，晚一時見。」頂真距離南嶠三十華里。國軍扯毀了「招降書」，殺了來人，嚴陣以待晚上一點鐘的熱鬧。但心裡誰不曉得這場熱鬧可能是敗仗居多，因為實力太相懸殊，可是真能投降嗎？投降才真是死無葬身之地，於是決定「拚」！

這晚一時，匪軍果然進襲。最後一個步兵班的陣地被突破，匪軍已衝入核心地區。國軍此時分途向外突圍，羅團長率領一百多人包括空軍和國防部官員向緬甸邊境奔去。

他們在路上打主意：去越南最少要十六天，去緬甸只要六天，但緬甸是承認了匪偽政權的。此去緬甸，當然凶多吉少。最後決定裝扮商人，經緬境而入泰國，因為泰國是我國的盟友。走了六天，過界河，進入緬甸境內。分五人為一小組，都化了裝，帶了一個精通白夷語言的人做嚮導。白夷話是中緬邊境的通行語言，二七八團的弟兄們有一半能通白夷話。易副司令這一組是羅團長、葉師長、孫霖隊長、國防部陳副主任，還有他自己，再就是那名嚮導。因為行列的組織健全，又免除了言語上的隔閡，一路倒也清清吉吉，談談笑笑，不像以前爬山涉水那樣的過度緊張了。

初次坐洋牢

快到緬屬景棟，走進一個小鎮，叫做吉島的，距景棟三十里。這時已經有兩組人會合。他們十個人進一家小飯館去吃飯，這飯館是華僑開設的，老板姓李。以前二七八團留在這裡沒有回國的老弟兄，見到羅團長是自己的老長官，倍加親切招待。這時候，有一位張軍需，能通白夷話，因為他對這一帶民情特別熟習，所以不留在此地吃飯，先去景棟聯絡，告訴景棟的僑胞暗中迎接國軍。

張軍需走後，忽然有三個鎮上的警士，走到飯館來，對國軍諸將領身上前後打量了一番，不言不問，回頭就走。飯還沒有吃完，一輛卡車載來警兵二十多名，向羅團長等嚴辭盤詰。羅團長也通白夷話，先以白夷話對答：「你們是做什麼的？」「做買賣的。」「由那裡來？」「昆明。」「那個是老板？」「我李某是老板。」當時羅團長等均已改名易姓，喬裝商人。「這是什麼人？」「我的夥計。」「你們有幾匹騾馬？」「兩匹騾馬。」「不對，兩匹騾馬不對，你們一定是共產黨！」

奇怪，他們一口咬定兩匹騾馬不對，好像兩匹騾馬就不配做生意，而且認定是共產黨。雖然他們承認了共產黨，但共產黨真要到了他們的國境，他們還是不歡迎，而且要捕捉，這是緬甸的國策，恐怕東南亞一帶的國家都有這種心理吧。吉島鎮上的緬甸警士既然說「不對」，說是「共產黨」，當然就被押到警局去了，這是吉島的警察派出所，全身搜查之下，在某高級官員的手提皮包內梳頭鏡子的後面，發現他們夫婦合照的儷影一張，戎裝筆挺，還有少將肩章。同時，又在某將官腰間搜出一桿手槍，這可是鐵證了。不由分說，由原有卡車押赴景棟縣城，一古腦兒捉將官裡去了。

緬甸氣候酷熱，在白天就是裸體也汗流浹背，一到晚上就冷起來，要蓋棉被才行。緬甸公務員只有半天辦公，從上午十一時到下午四時。那些國軍將領第一次嘗「洋牢」的滋味，又餓，又渴，又不自由。從牢門口望去，看見人家喝水，而自己沒有喝的。押到景棟是當天晚上，到天亮以後，一直等到上午十一點還不見管牢的人有什麼吩咐，真是心急如焚。

最使他們耽憂的，緬甸當局有個積習，捉到外國人，認為是靠不住的份子，問你從何處而來，就送往何處去。那些國軍將領曾說來自昆明，當真要解回昆明嗎？解回昆明，那時昆明已經陷於匪手，豈非自投羅網？大家認為解回昆明是定局了。原來想逃出魔掌，是不願作共匪階下之囚，現在，居然要活生生的送回去，這可把他們急死了。

話分兩頭。且說那張軍需從吉島趕到景棟，依照預定計劃，迎候國軍健兒，一候再候直候到第二天一個上午仍是沒有消息，他知道事情有變。這時，景棟城裡有一個謠言，說有一百多個共產黨到了景棟，居民不敢出來。為什麼景棟人民這樣怕共產黨？這裡要補述一段故事。在兩個月前，共匪三十人，輕裝衝進景棟城來，駕一輛大吉普車，豎起「五星旗」，在街頭巷尾狼奔豕突，利用喊筒大聲喊道：「我們中國共產黨有兩萬人開到，景棟縣城解放了！」反覆高叫這兩句話，害得景棟縣城全體騷動，人人不安，真以為共匪侵佔來了。這時，景棟王手下有一名情報員，也是華僑，還是抗戰時期由重慶派去的情報員，勝利後沒有回國，娶了景棟王族的小姐做太太，又改行在景棟做情報工作。這人看見共匪如此猖獗，建議景棟王急電仰光英軍派隊馳援，因為當時景棟地方除了警士以外別無軍隊。第二天，英軍六百人空運景棟，共匪派來的只三十人，見情勢不好，便溜走了，從此景棟駐有六百名英式武裝部隊。

張軍需與這位情報員，本是故交，打聽以後，城裡謠傳來了百多個共產黨，其實就是誤指易副司令羅團長那班國軍將領。因為緬甸警察一口咬定他們是共產黨，才有這謠言，也可見緬甸人民對於共匪是談虎色變。

這時張軍需和這位情報員合力設法營救國軍將領出險，首先通知本地各個華僑，大家決定有錢出錢，有力出力，搭救祖國政府苦難中的官員。景棟商會會長即是一個華僑富商，由他倡導後，僑胞們出了大批錢來多方活動。同時這位情報員向王族方面說項，並向景棟王說明真相：那些被扣的中國官員決不是共產黨，而且是共產黨的敵人，景棟王才答應了，決定把他們釋放。

華僑愛國熱

景棟王對中國官員各發出境證一張，限令回昆明去（從何處來回何處去的原則）。但，限令回昆明只是一句話，並無人押解。他們走出牢門，飛腳就向泰國邊境跑！

頭一著，搭汽車去大其力。大其力是一個自由世界，為泰國、緬甸、越南三國邊區，雖屬緬境，向為「三不管」的地方。這裡並不需要居民證，即因如此，這裡的居民最複雜，暗潮最洶湧，外面看不出武裝部隊，骨子裡有越共胡志明部四百多人，共匪百多人，和屬於國民政府的中國兩廣部隊三百多人，滲雜民間做地下工作，暗殺之風很盛，居民動輒有失蹤的危險。

上面說的兩廣部隊，就是新二七八團。兩廣部隊這個名稱是地方人士叫出來的。因為他們都是廣東廣西籍，除了南嶠、佛海，並以大其力為最大的根據地。大其力的商場，全操在這批華僑手裡，表面上以商人的姿態出現，暗中的組織和武力很堅強。因此，他們的根紮得很穩，比越共胡志明部和共匪要根深蒂固些。

這些華僑有熱烈迫切的愛國心腸，易國瑞這干人馬要不是得到僑胞的幫助，還能保全生命回臺灣嗎？華僑沒有不愛祖國的，他們愛得沒有條件，愛得那樣誠摯，他們在國「共」之間的選擇，最大多數都傾向國民黨。因此，共匪的地下工作進行到中緬邊區，就沒法子再走得通。但是很可惜的，正值緬越局勢危殆的時候，中國有那麼多的僑胞在那裡，為什麼不好好組織，好好運用，好好指導他們，做救亡圖存反共抗俄的工作，而讓他們冷落在異域他鄉呢？僑胞只碰上了這不及一百人的政府流浪官員就這樣親切、熱烈，即此也可想見他們對自由祖國是如何的熱戀了。

那些流浪的中國官員將領到了大其力，分居在各個華僑的家裡，以兩人為一小組。因為當地民情複雜，暴露了身分會遭暗殺，因此杜門不出。此地郵電檢查特別嚴厲，他們不敢寫信到曼谷中國大使館，更不敢發電報。泰國是反共的國家。泰國政府為著防止共產黨的間諜混進去，設關站哨，十分周密。從前每月有二萬華僑進入泰境，現在減到二百了，而且都是商人。以前泰境只有三個關卡，自從景棟那次來了三十個共匪以後，由大其力到曼谷的關卡就增加到十三個。要去曼谷，非先辦妥入境證或者居留證不能進入泰國國土，而這兩種證件，非在大其力不能辦到。如果這些官員的入境證要由曼谷寄來，曼谷的中國大使館那裡曉得大其力還有這麼多的政府官員等候入境？因此，只能以偷關摸卡的辦法，聯絡沿途華僑商賈，混一站，走一站，過一處，算一處。第一次是由空軍烏鉞隊長隨同黃姓華僑動身，這是準備去曼谷送信給中國大使館的，不料到第一檢查站就被扣押，送回大其力了。

因為在大其力想不出辦法，越等越久，住在華僑們的家裡，由他們全部負擔，實在也問心不安，於是自尋生路，得到華僑們的掩護和介紹，替當地人民鎚石子，磨豆腐，種蔬菜，挑水，只要飯吃，不要工錢。

在大其力一住十幾天，後續部隊紛紛趕到了。這些後到的人們，沿途與共匪拚命，打過多少關卡，以武力通過緬境，進入了大其力。一共有一千七百多人，紮在距大其力六十里的一個村落裡。後續部隊一天來得比一天多，與兩廣部隊合流以後，泰緬邊境的實力，就完全操在這般人的手裡了，這也就是中國人民的反共武裝游擊隊。

大其力是屬於景棟一個區域。據說景棟王是非常感著苦悶的。他苦悶之處很多。首先，他覺得緬甸不應該承認「中共」。緬甸承認「中共」是英國的主意，但英國沒有想到景棟這地方的重要性，如果想到，也許不會出那個主意吧？

景棟的人民對中共匪幫是沒有好感的，因為接近中國邊區，共匪在中國大陸上的暴政，使景棟人民等於身歷其境。現在緬甸既已承認「中共」了，景棟王不能扳起面孔不叫「中共」在景棟活動，尤其是地下工作，更沒有法子限制。再有，因為共匪一活躍，國軍的游擊隊也活躍起來，一千七八百人是景棟區域裡面一個最大的藉口。這批國軍游擊隊雖然在對抗共匪上與景棟王不礙事，但共匪卻打著「親善」的招牌，壓迫景棟王非把這一千多人趕走不可，至少要繳械；如果不趕走，不繳械，共匪就聲言必得拿下景棟，這是共匪從雲南派人來送給景棟王的一封帶有哀的美敦書性質的威脅的信，雖然景棟王擁有六百名精銳的英軍，但景棟王心裡明白，這當然是無濟於事，不能抵抗共匪的侵略的。

回祖國懷抱

景棟王被共匪逼迫得沒有辦法，二月二十七日，派了幾個代表到大其力來，與兩廣部隊協商。兩廣部隊的代表是周某。景棟王代表這樣說：「我們接到　蔣委員長（那一帶的人當時仍然是這樣稱呼著，這是沿用抗戰時期的名稱）的通知：二十六軍和第八軍（他們本是這兩個軍的舊部），應該向景棟王繳械，如果不聽命令的話，一週內英軍將向你們開火！」開火，並不足以嚇倒他們。於是那個姓周的代表答覆道：「對！我們應該服從　蔣委員長的命令，應該繳械，但我們還沒有接到命令。」

洽商自然是毫無結果。過了一個禮拜，如所逆料，英軍也並沒有開火。景棟王又派代表來，來的代表又是沒有結果回去了。

還是沒有開火，事態在僵持中。同時，共匪對景棟王的壓迫雖然一天一天加重，一直到七月間，緬甸的當局還在天天嚷著要繳國軍游擊隊的槍械，但只是一片喧嚷聲。共匪也並沒有如所宣稱的取下景棟城，景棟王也沒有叫英軍來殺傷這些國軍武裝隊伍。自然，這些國軍游擊隊的處境是益發艱苦，環境是愈趨險惡，因而活躍的空間與時間也連帶的受了很大的打擊。這些都是當時血淋淋的事實，彼此心照不宣的。

以緬甸這個國家而論，確實敵不過共匪的匪軍。敵得過匪軍的還是這批中國的游擊隊，就是新二十七八團的老弟兄們。但是他們孤軍奮鬥，毫無援助，沒有領導，缺乏物資的接濟，也缺少精神上的支持。他們確是一股反共洪流，有著救國的熱潮，隨著自然趨勢而泛濫，但因他們沒有堅強的組織，時時遭受外界的襲擊，而本身的力量究竟有限。再說：緬甸人民是怕共匪，恨共匪的，而緬甸政府卻承認了共匪，又為著承認了共匪，還要把這一股抵抗匪軍的力量削弱乃至剪除，這是一個多麼大的矛盾。共產集團的威脅已經加到東南亞各個角落，緬甸可以說是東南亞最脆弱之一環。當時國軍的游擊隊也深切的瞭解緬甸政府的處境非常尷尬，所以對緬甸不但沒有惡意，而且加以原諒。

這個國軍繳械或出境問題始終膠著在那裡。究竟因為是國與國的關係，共匪也並沒有進一步的行動。類似這種情形的也不止在中緬邊境的這些國軍。

苦苦等著要來曼谷的人們，終於想出了法子。易國瑞副司令和孫霖隊長兩人，由一個華僑做嚮導，搭上了一輛華僑的商車，沿途改換裝束，變過幾種身分。孫霖裝做啞吧、瘋子，易國瑞藉著腳趾破爛，裝做殘廢。這樣，瞞過了沿途警戒人員。因為不諳泰國言語，裝啞吧的時候最多。

走了四天抵達曼谷。這時已是三月十二日，下火車，立即乘的士到中國大使館，卻只找到了一位熱心的陳武官，接到他的家裡住下，住在樓上。住定以後，陳武官著人分途想法子接運大其力的其他官員，並向泰國政府交涉，假道泰境，飛返臺灣。泰國當局先是嚴詞不允，後來虧得陳武官舌敝唇焦的說服了，主要的理由之一是：假如第三次大戰一旦爆發，中泰自然仍是比肩作戰。關於作戰，泰國是很信任中國將士的，既然信任中國將士，就應該顧及將來而不要放棄現實。這樣一說，也就答應了，但不發給入境證，只由泰警沿途護送，暗中通知關卡，輪番接運，這也許是泰國有不得已的苦衷，因為共匪的箭頭已經指向越南、緬甸和泰國這三張後門，當時在越緬邊境的匪軍，號稱三十萬，陳兵界河以北，只等候克里姆林宮的命令一下，隨時可以燒起一把野火，而首當其衝的就是泰越緬這三個兵力脆弱的國家。所以泰國在當時一種矛盾的心情之下，對中國友邦官員將領的回國來這樣一個委曲求全的辦法。

話歸本題：留在大其力沒有出來的中國武裝人員，也陸續到曼谷來了，是分幾次接運的，每次只限十二人。到了曼谷，就離了險境。臨行回國，泰國的外交部長、內政部長、警察總監，大請其客，這是他們料想不到的事，感著非常欣慰與興奮。

四月十一日，這是他們難忘的日子。泰國太平洋航空公司的飛機一架，把他們載著向三亞起飛，十三日由三亞飛臺北，回到了自由祖國的懷抱。

我如今寫此稿時，我的同鄉同宗易國瑞將軍還靜靜的一家安居臺北。我有一次戲問他：「你在緬甸的腳傷好了吧？」他一笑，說：「真是一場夢影啊！」我說：「這夢影是最光榮、最忠勇、最壯烈的，我替你們寫下來！」

155 **和泉式部日記（二版）** 林文月 譯・圖

和泉式部為日本平安時代三才媛之一的女性作者。本書採日記形式，記載她與敦道親王之間的愛情，書中大量的詩歌往來，敘述二人由初識的試探情愛，至熱戀的甜美與憂慮，乃至共同生活後的堅定信賴。在譯者細膩的譯注下，引領讀者細細品賞千古未易的真摯情感！

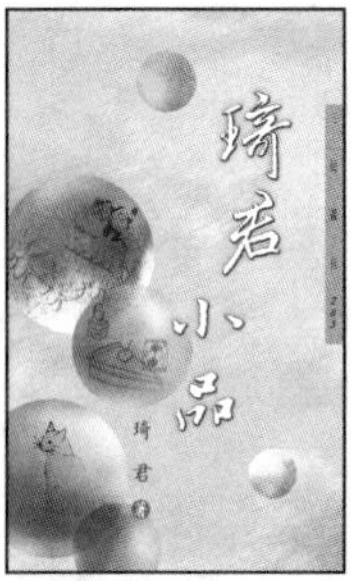

285 **琦君小品（三版）** 琦君 著

本書包含作者多樣的創作形式：清新流暢的散文，記錄對生活的回憶與雜感；精緻細膩的「小小說」，是作者最鍾愛的短篇作品；情韻兼備的填詞創作，充分展現她深厚的國學涵養；讀書與寫作經驗談，則可一窺其內斂成熟的寫作技巧。藉由作者溫柔敦厚的文字，帶給讀者清淡恬雅的心靈享受。

171 **好詩共欣賞——陶淵明、杜甫、李商隱三家詩講錄（二版）** 葉嘉瑩 著

「興」的作用是中國詩歌的重要特色，指作者有感於物，進而引起讀者想像力與感動。本書整理自作者「舊詩欣賞」講座的講稿，內容結合傳統詩論和西方理論評賞中國詩歌，以「興」的作用，列舉三位詩人的作品，從形象、結構上剖析其所傳達出生命的感發。透過淺顯雅潔的字句，引領讀者體會古典詩歌的精粹。

109 **河宴（二版）** 鍾怡雯 著

本書是作者第一本散文集，收錄了她一九九一至一九九四年間發表於臺灣、大陸及新馬等地的散文，包含十餘篇得獎作品。依風格與題材分為四輯：輯一以作者心中的人間為主題。輯二和輯三記錄童年舊事和對生命與時間的沉思。輯四多富詩意的短篇創作。以多角度展現一個創作生命的茁壯，以及她內在的心靈世界。

133 **山水與古典（二版）** 林文月 著

本書收錄作者有關六朝及唐代之田園、山水、宮體詩等的論著，以及她的外祖父連雅堂先生之為人與文學生活，並兼及於中日古典文學的比較研究。書中所收各篇，於專題多有啟發性意義；有關連雅堂先生的文章，足供臺灣文學研究參考；而作者譯注《源氏物語》，其相關之中日比較文學研究論著，自亦不容忽略。

267 **生命的學問（四版）** 牟宗三 著

作者學貫中西，融會佛儒，是享譽近代的哲學大家。本書集合了他曾在期刊學報發表的若干文章，內容或為哲學專題的探討，人生問題的思索；或為生活心情的紀實，前塵往事的追憶。對讀者而言，正如書名《生命的學問》所揭櫫的：能夠使我們參省自己的人生，沉澱出自己的學問，體會生命真正的價值所在。

003　中國文學講話（增訂二版）　王更生　著

中國文學的發展淵遠流長，典籍浩如煙海，本書將其概分為六大部：韻文、散文、駢文、小說、戲曲、文學批評。以體裁為基據，以紀事本末體為寫作的方式，不因王朝的興廢，支解文學發展的脈絡；可使讀者一氣呵成，綜觀文學以往發展的全貌；且能對中國文學當前的處境，今後的走向，有一個比較完整的認識。

國家圖書館出版品預行編目資料

烽火夕陽紅／易君左著.－－五版一刷.－－臺北市:
三民, 2015
面;　公分.－－(三民叢刊:310)

ISBN 978-957-14-6013-0　(平裝)

1.易君左 2.回憶錄

783.3886　　104006049

© 烽火夕陽紅

著作人	易君左
發行人	劉振強
發行所	三民書局股份有限公司
	地址　臺北市復興北路386號
	電話　(02)25006600
	郵撥帳號　0009998-5
門市部	(復北店) 臺北市復興北路386號
	(重南店) 臺北市重慶南路一段61號
出版日期	初版一刷　1971年3月
	五版一刷　2015年7月
編號	S 780350

行政院新聞局登記證局版臺業字第〇二〇〇號

ISBN 978-957-14-6013-0　(平裝)

http://www.sanmin.com.tw　三民網路書店

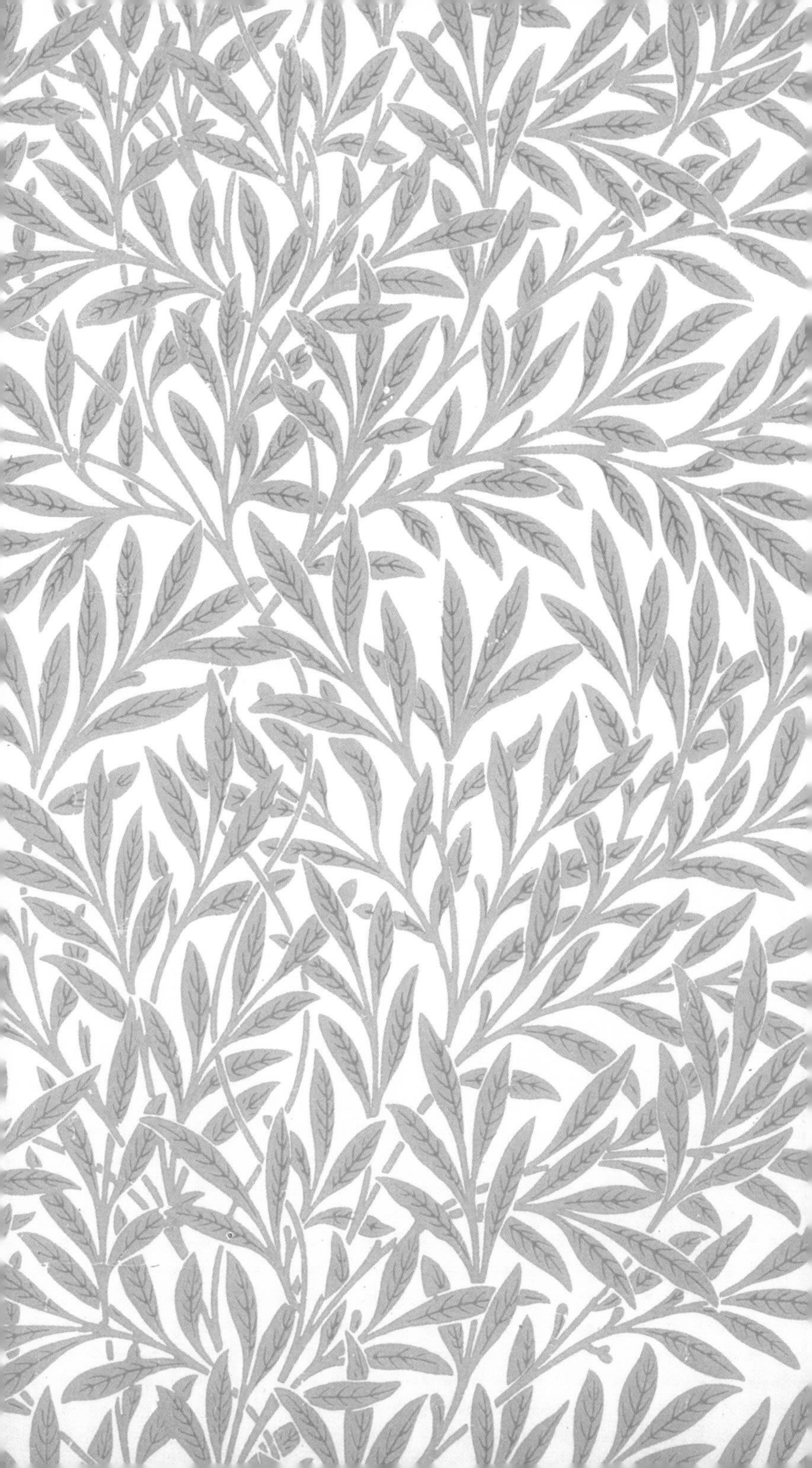